NOTICE

SUR LA SAINTE

COURONNE D'ÉPINES

ET SUR LES AUTRES

INSTRUMENS DE LA PASSION.

ORDRE DES GRAVURES.

IMPRIMERIE D'AD. LE CLERE ET Ce,
quai des Augustins, n° 35.

NOTICE

HISTORIQUE ET CRITIQUE

SUR LA SAINTE

COURONNE D'ÉPINES

DE NOTRE SEIGNEUR JÉSUS-CHRIST

ET SUR LES AUTRES

INSTRUMENS DE SA PASSION

QUI SE CONSERVENT

DANS L'ÉGLISE MÉTROPOLITAINE DE PARIS;

SUIVIE DE PIÈCES JUSTIFICATIVES.

PARIS.

LIBRAIRIE D'ADRIEN LE CLERE ET Ce,

QUAI DES AUGUSTINS, N° 35.

—

1828.

APPROBATION

DE MONSEIGNEUR

L'ARCHEVÊQUE DE PARIS.

HYACINTHE-LOUIS DE QUELEN, par la miséricorde divine et la grâce du saint siège apostolique, Archevêque de Paris, Pair de France, etc.

L'Église catholique a montré, dans tous les siècles, un respect profond pour les Instrumens de la Passion de notre Seigneur Jésus-Christ, et a constamment cherché à l'inspirer aux chrétiens. A ces causes, nous avons cru devoir ordonner la publication d'un livre de format in-8°, intitulé : *Notice sur les Instrumens de la Passion de Notre Seigneur, qui se conservent dans l'Église Métropolitaine de Paris*, etc., imprimé par le sieur Le Clere, notre imprimeur. Ce livre, composé, d'après notre invitation, par un ecclésiastique de notre diocèse, nous a paru très-propre à ranimer et augmenter la dévotion des fidèles au mystère de la Rédemption; en conséquence, nous l'avons approuvé et approuvous par les présentes. Nous en recommandons la lecture, qui ne peut être que très-utile.

Donné à Paris, en notre palais archiépiscopal, sous notre seing, le sceau de nos armes, et le contre-seing de notre Secrétaire, le onze août mil huit cent vingt-huit.

† HYACINTHE, *Archevêque de Paris.*

Par Mandement de Monseigneur l'Archevêque de Paris.

TRESVAUX, *Chan. Secrét.*

PRÉFACE.

Parmi tous les moyens que l'Église a coutume d'employer pour exciter et entretenir la piété des fidèles, un des plus efficaces est l'exposition solennelle des Reliques et des Instrumens de la Passion de notre Seigneur Jésus-Christ. Rien de plus propre en effet que la vue de ces touchans objets à ranimer l'esprit de ferveur et de dévotion, et surtout à réveiller dans une ame chrétienne les sentimens d'amour et de componction, qui doivent être le fruit de la méditation des souffrances de Jésus-Christ. A la vue de ces précieux monumens, les souvenirs les plus touchans se présentent en foule à un esprit éclairé des lumières de la foi. « Ici, se dit à elle-même l'ame fidèle, » ici s'offrent à moi les plus précieux mo-» numens de l'amour et de la puissance » d'un Dieu. Ce *bois sacré*, devant lequel » je me prosterne, est l'autel sanglant sur

» lequel un Homme-Dieu a voulu s'offrir
» en sacrifice pour le salut du monde. Voici
» les cruelles *Épines* qui ont couronné le
» chef adorable de mon Sauveur, les *Clous*
» dont ses mains sacrées ont été percées.
» C'est pour le salut de tous les hommes,
» c'est pour le mien en particulier, que s'est
» opéré un mystère si prodigieux. C'est pour
» tous les péchés des hommes, c'est pour
» mes propres péchés, que le Fils de Dieu
» a été couvert de plaies, et nous avons
» tous été guéris par ses meurtrissures :
» *Vulneratus est propter iniquitates nos-*
» *tras ; attritus est propter scelera nos-*
» *tra* (1). Que vous rendrai-je donc, ô mon
» Dieu, pour un tel excès d'amour? Et si
» je me dois tout à vous pour le bienfait de
» ma création, que ne vous dois-je pas pour
» celui de ma rédemption ! »

Ces sentimens, il est vrai, ne sont pas
tellement attachés à la présence des monumens de la Passion de Jésus-Christ, qu'une
ame fidèle ne puisse les éprouver sans le
secours de ces objets sensibles; et souvent,

______

(1) Isai. LIII. 5.

en effet, la simple vue des images qui en rappellent le souvenir suffit pour exciter dans un cœur chrétien les pieux sentimens que nous venons d'exprimer. De là nous pourrions sans doute conclure, sans entrer dans aucune discussion sur l'authenticité des saintes Reliques dont nous parlons, que la simple tradition qui en atteste la vérité seroit très-propre à nourrir la piété des fidèles, quand même elle ne seroit pas entièrement à l'abri des attaques de la critique. Mais si une simple tradition, destituée même de preuves décisives, peut opérer de si heureux effets, combien sera-t-elle plus efficace et plus puissante, si elle se trouve appuyée sur des preuves capables de faire impression sur un esprit droit et impartial!

Ces réflexions montrent clairement, à ce qu'il nous semble, l'importance des recherches auxquelles nous nous sommes livrés sur les pieux monumens qui sont l'objet de cette *Notice*. Sans doute, la vérité de la religion est tout-à-fait indépendante des traditions, plus ou moins respectables, qui nous apprennent l'origine de ces monumens sacrés. Les principes d'une piété solide et éclairée nous obligent même de reconnoître que l'authenticité des saintes Reliques en général, et en particulier de celles dont il est ici question, n'étant pas immédiatement révélée de Dieu, *ne fait point et ne peut même pas faire l'objet de notre foi* (1). Mais on doit reconnoître aussi que les traditions dont il s'agit, lorsqu'elles sont bien fondées, sont trop justement chères à la la piété, pour qu'il soit permis de les regarder avec indifférence, ou de les laisser tomber gratuitement.

Les circonstances dans lesquelles nous publions cette *Notice*, déjà si intéressante par son objet, lui donnent encore un nouveau degré d'intérêt. Les précieuses Reliques de la Passion de notre Seigneur dont l'église métropolitaine de Paris a été successivement enrichie depuis quelques années, et spécialement au mois d'octobre dernier (1827), l'exposition solennelle qu'on en fait dans cette église en plusieurs fêtes,

(1) Bossuet, *Lettre sur l'adoration de la Croix; OEuvres*, 1817, in-8°, tem. XXV, pag. 65.

et surtout pendant les pieux exercices que
Mgr l'Archevêque vient d'y établir à perpétuité pour tous les vendredis de Carême,
engagent naturellement tous les fidèles de
ce diocèse à s'instruire sur un objet d'ailleurs si intéressant pour la piété. Il semble
même d'autant plus utile de leur procurer
cette instruction, que, depuis la révolution,
qui a détruit ou dispersé dans ce diocèse,
comme dans tout le royaume, tant de précieux monumens, il n'a paru aucun ouvrage
qui expose en détail l'origine de ceux dont
nous nous proposons de traiter (1). C'est
dans cette vue que Mgr l'Archevêque, toujours occupé des moyens d'entretenir les
sentimens et la pratique de la piété parmi
les fidèles confiés à ses soins, a bien
voulu nous suggérer l'idée de cette *Notice*,

(1) Il a paru en 1806 une courte *Notice sur la sainte
Couronne*, par M. d'Astros, alors vicaire-général de Paris,
et aujourd'hui évêque de Bayonne. On trouve quelques
détails sur les autres Reliques du trésor de l'église de
Notre-Dame, dans la *Description historique de la Basilique
métropolitaine de Paris*, par M. Gilbert; (pag. 529, etc.)
mais le plan de l'auteur ne lui permettoit pas de s'étendre
sur le sujet que nous entreprenons de traiter.

et l'honorer même de son approbation.

A ces considérations qui appellent déjà si puissamment l'attention des pieux fidèles sur l'objet de notre travail, nous sera-t-il permis d'en ajouter une autre, qui ne semblera peut-être pas indigne d'être proposée aux personnes instruites? Si les anciens monumens de l'histoire profane sont regardés avec raison comme des objets d'une juste curiosité; si les savans les plus laborieux se croient abondamment récompensés de leurs travaux et de leurs veilles, lorsqu'ils sont parvenus à tirer de l'obscurité un manuscrit, une médaille, et d'autres objets semblables, qui souvent n'ont de mérite que celui d'une antiquité plus ou moins reculée; combien les monumens de la Passion de notre Seigneur Jésus-Christ ne sont-ils pas plus dignes d'exciter une louable curiosité! Ces précieuses Reliques ne sont-elles pas, selon l'expression de Bossuet, *le glorieux trophée de la plus insigne victoire qui fût jamais* (1)? Ne nous rappellent-elles

(1) Bossuet, *Lettre sur l'adoration de la Croix :* tom. XXV de ses *OEuvres,* pag. 56.

pas les plus grands évènemens dont l'histoire ait conservé le souvenir? Que sont en effet tous les évènemens politiques ou militaires, tous les faits purement humains dont se composent les annales des nations, en comparaison des merveilles de la vie et de la mort de Jésus-Christ, et de l'étonnante révolution qu'elles ont opérée dans le monde? Les ruines de ces anciennes cités qu'on recherche avec tant de soins et de travaux, et tous les monumens que les anciens peuples ont laissés de leur grandeur et de leur faste, auront-ils jamais, aux yeux d'un vrai savant, une importance comparable à celle des monumens de la Passion de Jésus-Christ; considérés avec les yeux de la raison et de la religion?

Le titre seul de cette *Notice*, en déterminant clairement son objet, montre que notre plan ne nous permet pas d'examiner les différentes Reliques de notre Seigneur, et les divers instrumens de sa Passion, qui se conservent en plusieurs églises. Nous croyons cependant devoir indiquer en note les principaux auteurs qui en ont traité, et

que nous avoirs été nous-mêmes dans le cas
de consulter (1). Cette indication pourra
faciliter le travail aux personnes qui voudroient se livrer à de semblables recher-

(1) Les principaux ouvrages français à consulter sont :

1° Les *Vies des Saints* de Baillet, 3 mai, 18 et 25 août,
14 septembre ; et son *Traité des Fêtes mobiles, Vendredi-
saint*.

2° *Dictionnaire hist. de la Bible* de D. Calmet, articles
Croix, Couronne, Épines, Clous, etc.

3° *Réflexions sur les règles et sur l'usage de la Critique*,
par le P. Honoré de Sainte-Marie, Carme déchaussé.
Lyon, 1720, 5 vol. in-4°. Cet auteur ne traite pas de
toutes les Reliques de la Passion de notre Seigneur, mais
de quelques-unes seulement, dans le tom. III de son ouvrage. (Dissert. IV, Iʳᵉ part. art. Iᵉʳ ; et dissert. V.) L'exactitude et la solidité qu'il a portées dans cette discussion
font regretter qu'il n'ait pas traité complètement cette matière, et qu'il n'ait rien dit en particulier de la *sainte
Croix* ni de la *sainte Couronne*.

Les ouvrages écrits en latin sur ce sujet sont beaucoup
plus nombreux et plus complets. Outre ceux que nous
indiquerons ailleurs sur quelques articles particuliers,
voici les principaux ouvrages qui ont traité des différentes Reliques de la Passion de notre Seigneur.

1° *Annales Baronii*, ad ann. 34, 326, 1205, 1238, etc.

2° *Acta Sanctorum*, 3 maii, *de Inventione S. Crucis ;*
18 aug. *de S. Helena ;* 25 aug. *de S. Ludovico ;* 14 sept.
de Exaltatione sanctæ Crucis, etc. etc.

3° P. Serry, *Exercitationes historicæ de Christo ;* unà

ches. Il seroit même à désirer que, dans tous les diocèses où l'on possède quelque monument de ce genre, des personnes instruites s'appliquassent à recueillir et à pu-

cum Sandini *Historia sacræ Familiæ.* Oper. P. Serry, tom. III.

4° Bened. XIV, *de Festis D. N. J. C.* necnon *de Canonizatione Sanctorum.* Voyez les tables de ces deux ouvrages, aux mots *Crux, Corona, Spinæ, Clavi, Lancea,* etc.

5° *Jesu Christi crucifixi Stigmata sacræ Sindoni impressa, ab Alphonso Paleoto, Archiep. Bononiensi explicata, elucidationibus amplissimis illustrata per Danielem Mallonium. Duaci,* 1607, in-4°. Cet ouvrage, composé d'abord en italien par *Alphonse Paleote,* archevêque de Bologne, (Bologne, 1599, in-4°) fut traduit en latin par Daniel Malloni, qui l'enrichit de notes et d'éclaircissemens sur les divers instrumens de la Passion dont on voit les traces imprimées sur le saint Suaire de Turin.

6° Gretser, *de Cruce Christi. Ingolstadii,* 1600, 3 v. in-4°.

7° *Crux triumphans et gloriosa,* à Jac. *Bosio descripta. Antuerpiæ,* 1617, in-fol.

8° *Historica, theologica et moralis Terræ Sanctæ Elucidatio, auct. Quaresmio. Antuerpiæ,* 1639, 3 vol. in-fol.

9° Joan. Ferrandi *Disquisitio Reliquiaria. Lugduni,* 1647, in-4°.

Quelque utiles et intéressans que soient ces divers ouvrages, nous devons remarquer que plusieurs doivent être lus avec précaution, parce qu'ils ont été composés dans un temps où la critique n'étoit pas encore parvenue à ce degré de perfection où elle a été portée depuis.

blier tous les documens qui peuvent en établir l'authenticité. Faute de cette précaution, les pièces manuscrites qui renferment ces documens étant fort exposées à s'égarer et à se perdre, comme on l'a vu surtout de nos jours, les Reliques les plus respectables se trouvent tôt ou tard dépouillées des titres légitimes qu'elles avoient eus d'abord à la vénération des fidèles (1). La publication de ces titres ne seroit pas seulement un moyen d'entretenir et de ranimer parmi les fidèles l'esprit de dévotion, elle fourniroit aussi à l'éditeur une occasion

(1) Nous pourrions citer, à l'appui de ces réflexions, plusieurs faits remarquables. Il nous suffira de dire que nous avons vu récemment à Paris deux magnifiques reliquaires, renfermant, selon toutes les apparences, deux portions très-considérables de la *vraie Croix*, dont il est aujourd'hui impossible de constater l'authenticité. La richesse de la matière, jointe à la délicatesse du travail, ne permet pas même de soupçonner qu'on ait pu enchâsser avec tant de soin un morceau de bois ordinaire. Un des reliquaires dont nous parlons est une croix d'or pur, dont toutes les faces, taillées à jour, laissent apercevoir une croix de bois d'une couleur assez ressemblante à celle du bois de la vraie Croix qui se conservoit autrefois à la Sainte-Chapelle de Paris.

naturelle d'entrer dans quelques détails sur l'origine et sur l'état présent des monumens sacrés dont il s'agit. Elle seroit par conséquent d'un grand secours aux savans qui voudroient entreprendre un travail plus complet sur cette matière. Ce travail seroit d'autant plus utile, surtout en France, que peu d'auteurs s'en sont occupés jusqu'ici, et que le petit nombre de ceux qui l'ont entrepris laissent beaucoup à désirer. Le *Dictionnaire de la Bible* de D. Calmet, et les *Vies des Saints* de Baillet, sont, à ce que nous croyons, les seuls ouvrages français, où l'on trouve cette matière traitée avec une certaine étendue. Mais on sait que, dans ces deux auteurs, l'érudition l'emporte souvent sur l'exactitude, et que, si l'on a justement reproché au premier d'être quelquefois peu sévère dans sa critique, celle du second mérite encore plus de reproches pour son excessive hardiesse. Il seroit donc à souhaiter qu'en profitant du travail des auteurs français et étrangers qui se sont exercés sur cette matière, quelque habile critique publiât en notre langue une notice complète sur les principales Reliques de notre Seigneur Jésus-Christ, et sur les divers instrumens de sa Passsion. Cette notice seroit le complément naturel de l'excellent ouvrage d'Alban Butler, traduit en français par Godescard, et dans lequel on est étonné de ne trouver, sur cet objet, que des notions extrèmement courtes et insuffisantes (1). Nous nous estimerions heureux, si la *Notice* que nous publions aujourd'hui pouvoit donner à quelque personne instruite l'idée de ce travail, et quelque facilité pour le bien exécuter. En attendant, nous recevrons avec reconnoissance les observations et les renseignemens qu'on voudra bien nous adresser sur les divers objets dont nous avons parlé dans cette *Notice*, et nous nous ferons un devoir de profiter de ces observations pour compléter notre travail.

(1) *Vies des Pères et des autres principaux Saints*, ouvrage traduit de l'anglais d'Alban Butler, par l'abbé Godescard. Les notions dont nous parlons ici se trouvent dans une note sur la fête de l'*Invention de la sainte Croix*, 3 mai.

NOTICE

HISTORIQUE ET CRITIQUE

SUR LA SAINTE

COURONNE D'ÉPINES

DE NOTRE SEIGNEUR JÉSUS-CHRIST

ET SUR LES AUTRES

INSTRUMENS DE SA PASSION

QUI SE CONSERVENT AUJOURD'HUI

DANS L'ÉGLISE MÉTROPOLITAINE DE PARIS.

Les principales Reliques de la Passion de Jésus-Christ qui se conservent aujourd'hui dans le trésor de l'église métropolitaine de Paris, sont : 1° plusieurs portions considérables de la vraie Croix; 2° la sainte Couronne de notre Seigneur; 3° deux portions considérables des Clous qui ont servi à son crucifiement.

1

Quoique ces divers objets n'aient pas tous le même degré d'authenticité, nous espérons prouver solidement qu'il n'en est aucun dont la vérité ne soit établie sur une tradition infiniment respectable par son antiquité ; et que, si l'authenticité de quelques-uns n'a pas en sa faveur des titres aussi décisifs, elle est du moins assez bien appuyée, pour obliger la plus sévère critique à respecter sur ce point la pieuse croyance des fidèles. Nous sommes d'autant plus fondés à nous exprimer ainsi, que nous n'avançons rien, comme on le verra bientôt, qui ne soit fondé sur les pièces les plus authentiques, et sur l'autorité des critiques les plus habiles, et même les plus sévères.

ARTICLE PREMIER.

DU BOIS SACRÉ DE LA CROIX DE JÉSUS-CHRIST.

Il se présente ici quatre questions principales à examiner :

1° Est-il certain que la Croix de Jésus-Christ ait été trouvée sous l'empereur Constantin, vers la fin de l'année 326, comme on le croit communément ?

2° Qu'est-elle devenue depuis cette découverte ?

3° Qu'est devenu en particulier le *Titre de la Croix*, qui fut trouvé à la même époque ?

4° Enfin quelle est l'origine des portions considérables de la vraie Croix qui se conservent aujourd'hui dans le trésor de l'église métropolitaine de Paris ?

PREMIÈRE QUESTION.

Est-il certain que la Croix de notre Seigneur Jésus-Christ ait été trouvée
sous l'empereur Constantin, vers la fin de l'année 326 (1)?

L'Invention de la sainte Croix, à l'époque
dont nous parlons, est un fait incontestable,
établi par des preuves à l'abri de la critique la
plus sévère. Voici comment ce fait est rapporté par les principaux auteurs du quatrième
et du cinquième siècles.

Après la mort de Jésus-Christ, ses disciples
n'ayant eu ni la hardiesse, ni peut-être la pensée de prendre sa Croix, les Juifs l'avoient enterrée auprès de son tombeau, et le démon s'é-
toit empressé, dit saint Ambroise, de *dérober
à la vue des hommes l'épée dont il avoit été
percé* (2). Dans la suite, c'est-à-dire sous l'empereur Adrien, comme les chrétiens témoi-
gnoient un respect singulier pour le lieu con-

(1) Voyez sur cette première question les *Annales de Ba-
ronius*, année 326. — *Acta Sanctorum*, 3 mai et 18 août. —
Hist. ecclés. de Fleury, liv. XI, n. 52. — *Hist. du Bas-Empire,*
par Le Beau, tom. I, liv. IV, n. 53, etc. — *Mémoires de
Tillemont*, tom. VII : *Hist. de sainte Hélène*, et *Notes* sur
cette histoire. — *Les Vies des Saints*, par Baillet, 3 mai. —
Bened. XIV, *de Festis*, lib. I, cap. xiv. — Petavius, *de
Incarnatione*, lib. XV, cap. viii. — *Hist. des Croisades*, par
Michaud, liv. I, pag. 12.

(2) S. Ambros. *de obitu Theodosii*, n. 44, Oper. tom. II,
pag. 1210.

sacré par les mystères de la mort et de la sépulture de Jésus-Christ, les païens ou plutôt le démon par leur moyen, s'efforcèrent d'abolir la mémoire de ce saint lieu. Ils remplirent de terre la caverne du saint Sépulcre, élevèrent au-dessus une terrasse qu'ils pavèrent de pierres, et y bâtirent un temple à Vénus. Bien plus, ils placèrent la statue de cette déesse impure à l'endroit même où Jésus-Christ avoit souffert la mort, et une statue de Jupiter au lieu de sa résurrection, afin que les chrétiens parussent adorer ces fausses divinités, lorsqu'ils viendroient offrir en cet endroit leur culte à Jésus-Christ.

Mais Dieu n'avoit permis que la sainte Croix demeurât cachée durant quelque temps, que pour la soustraire, pendant les persécutions, à la fureur des Juifs et des Gentils, et pour la manifester ensuite au monde avec plus d'éclat, lorsque la paix auroit été donnée à l'Église. La gloire de cette précieuse découverte est principalement attribuée à sainte Hélène, mère de l'empereur Constantin, et convertie par ses soins au christianisme (1). Vers la fin

(1) Theodoret (*Hist.* lib. 1, cap. xviii) donne à sainte Hélène la gloire d'avoir nourri son fils dans la piété. Eusèbe, au contraire, (*De Vita Constantini*, lib. III, cap. xlii) assure qu'elle avoit été dans l'ignorance du vrai Dieu, jusqu'à ce

de l'année 326, étant âgée de soixante-dix-neuf ans, elle entreprit d'aller en Palestine, pour visiter cette terre célèbre par tant de prodiges, et y rendre grâces à Dieu des prospérités dont il la combloit en la personne de son fils. Avant de se mettre en chemin, elle obtint l'autorisation de l'Empereur pour purifier tous les lieux sanctifiés par les principaux mystères du Sauveur, et pour les consacrer à la religion en y élevant des temples à Jésus-Christ.

Aussitôt qu'elle fut arrivée à Jérusalem, et qu'elle eut commencé à visiter les saints lieux, elle se sentit enflammée d'un vif désir de trouver le bois de la Croix; ne pouvant souffrir, dit saint Ambroise (1) de se voir environnée de l'éclat et de la magnificence d'une impératrice, tandis que l'étendard de notre salut et le trophée de la victoire de Jésus-Christ étoit caché dans la poussière. Pour mieux assurer le succès des recherches, qui paroissoient offrir bien des difficultés, elle s'informa soigneuse-

que son fils la rendit servante de Jésus-Christ. Le sentiment d'Eusèbe sur ce point est généralement suivi par les critiques, parce que cet auteur étoit contemporain de Constantin, et fort instruit de l'histoire de cet Empereur, comme on le voit par la Vie qu'il en a composée. Voyez en particulier Tillemont, *ubi suprà*, pag. 2. — *Act. Sanctorum*, 18 Aug. *de S. Helena*, § 4 et 5.

(1) S. Ambros. *de obitu Theod.* n. 45.

ment du lieu où le Sauveur avoit été crucifié ; elle interrogea là-dessus, non-seulement les chrétiens les plus instruits, mais encore les plus habiles d'entre les Juifs. Tous s'étant accordés à désigner l'endroit, elle fit abattre le temple et les idoles qui souilloient la pureté de ce saint lieu. Elle ordonna ensuite qu'on le fouillât profondément, et qu'on transportât hors de la ville les matériaux et la terre même qu'on en tireroit. Enfin les vœux de la pieuse impératrice furent exaucés, et après bien des travaux on découvrit le saint Sépulcre. On trouva aussi tout auprès trois croix de même grandeur et de même forme, avec le *Titre* qui avoit été attaché à la Croix de Jésus-Christ, et les *Clous* qui avoient percé son sacré corps.

Il étoit naturel de penser que l'une des trois Croix étoit celle de Jésus-Christ, et que les deux autres étoient celles des malfaiteurs au milieu desquels il avoit voulu être crucifié. Toutefois la joie qu'on ressentit d'abord en découvrant ce précieux trésor fut aussitôt troublée par la difficulté de discerner avec assurance la Croix du Sauveur d'avec celle des deux larrons. Le *Titre* qui avoit été mis au-dessus de la Croix de Jésus-Christ servit, selon quelques auteurs (1), à faire

______

(1) S. Joan. Chrys. *in Joan. Homil.* LXXXV (*aliàs* LXXXIV.) — S. Ambros. *de obitu Theod.* n. 45.

ce discernement, sans doute en considérant la place des clous avec lesquels il avoit été attaché. Mais soit que cette place ne fût pas marquée assez clairement, soit que cet indice parût en lui-même trop foible, on ne crut pas devoir s'en contenter, et l'on consulta saint Macaire, évêque de Jérusalem, à qui Dieu inspira un moyen de lever sûrement la difficulté. Le saint évêque ayant fait porter les trois croix chez une dame de qualité, malade depuis long-temps et réduite à l'extrémité, conjura le Seigneur de vouloir bien manifester, par la guérison de cette dame, l'instrument de la rédemption du monde. Il fit ensuite appliquer séparément chacune des trois croix à la personne malade, en présence de l'impératrice et d'un peuple nombreux. L'attouchement des deux premières croix ne produisit aucun effet; mais aussitôt que la malade eut touché la troisième, elle se leva entièrement guérie, et plus forte qu'elle n'avoit jamais été. On tient, dit Sozomène (1), que la même épreuve fut faite sur un corps mort, qui ressuscita à l'heure même. Saint Paulin et Sulpice-Sévère (2) ne

____

(1) Sozomène, *Hist.* lib. II, cap. 1.

(2) Sulp. Sev. *Hist.* lib. II. — S. Paulin. *Epist.* XXXI (*aliàs* XI) *ad Sulp. Sev.* On lit ce passage de la lettre de saint Paulin dans le *Bréviaire de Paris*, à l'Office de la nuit du 3 mai.

parlent que de ce dernier prodige; ce qui a donné lieu à quelques auteurs de douter s'il s'étoit alors opéré deux miracles, ou s'il ne s'en étoit opéré qu'un seul, dont les circonstances ont été obscurcies par quelques bruits populaires. Mais quoi qu'il en soit de ces conjectures, il est certain que les auteurs anciens s'accordent sur la substance du fait en question, c'est-à-dire sur l'*Invention de la sainte Croix*, et sur sa manifestation miraculeuse, sous l'empereur Constantin. Aussi les savans et les critiques modernes, même les plus sévères, conviennent-ils généralement que ce fait est trop bien établi par des témoignages positifs, pour qu'on puisse l'attaquer, ou même l'ébranler tant soit peu par des argumens négatifs, comme l'ont essayé quelques auteurs protestans.

Comment en effet pourroit-on révoquer en doute un évènement aussi important, rapporté par les principaux auteurs contemporains, sans aucune contradiction ou réclamation, surtout lorsqu'on voit le récit de ces auteurs confirmé par la tradition constante des siècles postérieurs, et par le suffrage des plus habiles critiques des derniers siècles? Or, tel est incontestablement le fait de l'*Invention de la sainte Croix,* et de sa manifestation miraculeuse sous l'empereur Constantin.

I. Ce fait est rapporté par les principaux auteurs du quatrième et du cinquième siècles (1). Les uns, comme saint Ambroise, Rufin, Sulpice-Sévère, saint Paulin, Socrate, Sozomène et Théodoret, rapportent en détail les circonstances de ce grand évènement (2). Les autres, comme saint Cyrille et saint Jean-Chrysostôme, le supposent clairement ou y font des allusions manifestes (3). Saint Cyrille en particulier, successeur de saint Macaire dans le siège de Jérusalem, suppose comme un fait constant l'*Invention de la sainte Croix* sous l'empereur Constantin, et la distribution qui se fait jour-

(1) La plupart de ces témoignages ont été recueillis par Gretser, au commencement du tom. II in-4° de son ouvrage *de Cruce.*

(2) Nous citons ces auteurs selon l'ordre chronologique de leur mort. S. Ambroise (en 397) *de obitu Theod.* n. 43, etc. — Rufin (en 410) *Hist. eccles.* lib. I, cap. VII, VIII. — Sulp. Sev. (en 410) *Hist. sacr.* lib. II. — S. Paulin (en 431) *Ep.* XXXI *ad Sulp. Sev.* (*aliàs* XI.) — Socrate (en 440) *Hist. eccles.* lib. I, cap. XVII. — Sozomène (en 450) *Hist. eccles.* lib. II, cap. I. — Theodoret (en 458) *Hist. eccles.* lib. I, cap. XVIII.

(3) S. Chrysost. *Homil.* LXXXV (*aliàs* LXXXIV) *in Joan.* — S. Cyrill. *Cateches.* IV, n. 10; X, 19; XIII, 4. Idem, *Epist. ad Constantium imperator.* n. 3. L'authenticité de ces écrits de saint Cyrille a été contestée par quelques auteurs protestans; mais elle est généralement reconnue par les savans, et elle a été solidement prouvée par le P. Touttée, Bénédictin, dans l'excellente édition qu'il a donnée des *OEuvres de saint Cyrille.*

nellement de ce bois sacré à une multitude de personnes. Voici ce qu'il écrivoit à ce sujet, vers l'an 350, à l'empereur Constance, fils de Constantin : « Sous l'empire de Constantin, » votre père, d'heureuse mémoire, et très-chéri » de Dieu, le bois salutaire de la Croix fut » trouvé à Jérusalem; et la bonté divine a donné » à ce religieux empereur la consolation de dé- » couvrir les lieux saints, auparavant cachés » (sous les monumens de l'impiété). » Le même saint, dans plusieurs de ses *Catéchèses*, parle du *bois sacré de la Croix qui se voit à Jéru- salem, et que la piété des fidèles a déjà ré- pandu dans le monde entier.*

A des témoignages si nombreux et si respec- tables, qu'oppose-t-on? Quelques différences entre les auteurs sur les circonstances du fait dont il s'agit; mais surtout le silence d'Eusèbe, dans la *Vie de l'empereur Constantin* (1).

Il est vrai que les auteurs qui rapportent en détail l'histoire de l'Invention de la sainte Croix, ne s'accordent pas entièrement sur quelques

(1) Cette difficulté, proposée avec beaucoup de confiance dans les *Centuries de Magdebourg* (IVe *Centurie*, chap. XIII), est solidement résolue par Gretser, *de Cruce*, lib. I, cap. LXIII. — Bened. XIV, *de Festis*, lib. I, cap. XIV, n. 10, 11, 12. — *Acta Sanctorum, de sancta Helena*, 18 Aug. § 8. — Tille- mont, *ubi suprà*, pag. 639.

circonstances de ce fait. Les uns disent que la Croix de Jésus-Christ fut manifestée par son *titre;* les autres, par la guérison miraculeuse d'une personne malade; d'autres enfin, par la résurrection d'un mort. Mais rien n'est si commun que de voir les historiens, même les plus exacts, s'accorder sur la substance d'un fait, dont ils racontent diversement les circonstances, soit qu'ils ne s'appliquent pas tous également à les connoître et à les exposer, soit que les diverses relations d'après lesquelles ils écrivent en aient obscurci quelques-unes. Aussi est-il généralement reconnu qu'un fait important, sur lequel tous les historiens s'accordent, ne laisse pas d'être certain, malgré les différences qu'on remarque entre eux sur les détails et les circonstances de ce fait.

Le silence d'Eusèbe a fourni à quelques auteurs protestans la matière d'une difficulté plus sérieuse. Ces auteurs ont prétendu qu'Eusèbe, dans la *Vie de Constantin,* où il parle du voyage de sainte Hélène en Palestine, et même de la découverte du saint Sépulcre, ne disoit rien de la Croix trouvée avec le saint Sépulcre (1). Mais cette difficulté paroîtra bien foible, si on l'examine de près; car, 1° il n'est point constant

____

(1) Euseb. *Vita Constantini,* lib. III, cap. xxv, etc.

qu'Eusèbe ait entièrement passé sous silence la découverte de la sainte Croix. Ce fait est clairement énoncé dans un passage de sa *Chronique,* dont la supposition, quoiqu'elle ait paru probable à quelques savans, n'est cependant pas démontrée; car il est certain qu'on lit ce passage dans plusieurs manuscrits et anciennes éditions, selon la remarque de Benoît XIV (1). 2° Il est très-vraisemblable qu'Eusèbe fait mention de la découverte de la sainte Croix dans la *Vie de l'empereur Constantin.* En effet il y rapporte une lettre de cet empereur à saint Macaire, évêque de Jérusalem, où il se réjouit de ce que Dieu *a fait éclater de son temps le monument qui nous fait connoître la Passion du Sauveur, et qui avoit été si long-temps caché sous la terre.* Ces expressions conviennent très-bien à la Croix de Jésus-Christ; car le saint Sépulcre étoit plutôt le *monument de la Résurrection* que *de la Passion du Sauveur.* Si cette interprétation n'est pas absolument incontestable, elle est du moins assez plausible, et assez généralement admise par les critiques, pour qu'on ne puisse nous opposer avec confiance le silence d'Eusèbe. 3° Enfin, quand on admettroit que cet auteur n'a rien dit du

____

(1) Bened. XIV, *de Festis, ubi suprà.*

fait en question, son silence pourroit-il seul contrebalancer le témoignage positif de tant d'autres?

II. Le témoignage positif des auteurs que nous avons cités est d'ailleurs confirmé par la tradition constante des siècles postérieurs. Avant le règne de l'empereur Constantin, on ne voit pas que personne soit jamais venu à Jérusalem pour adorer la Croix du Sauveur; depuis Constantin, rien n'est plus commun dans l'Église que ce pieux pélerinage (1). On voit l'église du saint Sépulcre de Jérusalem, célèbre en Orient et par toute la chrétienté, comme ayant été élevée sur le lieu même où le Sauveur avoit été enseveli, et où sainte Hélène avoit trouvé sa Croix. On voit les principales églises du monde chrétien, en particulier celles de Rome, de Jérusalem et de Constantinople, se glorifier de posséder des portions considérables de la sainte Croix trouvée à Jérusalem, par les soins de sainte Hélène. On voit enfin la cérémonie de *l'adoration de la Croix* établie à la même époque, en mémoire de cette précieuse découverte, et des *Fêtes* instituées

______

(1) Gretser, *de Cruce*, tom. 1, lib. 1, cap. LXXIII et LXXVI. On trouvera dans la *question* suivante de plus amples détails sur les faits que nous nous bornons ici à indiquer en peu de mots.

vers le même temps, pour en perpétuer le souvenir (1).

III. Enfin le suffrage des plus habiles critiques du dernier siècle achève de dissiper tous les doutes qu'on pourroit élever sur ce fait. Nous avons déjà nommé Baronius, les auteurs des *Acta Sanctorum,* le P. Pétau, Fleury, Baillet, Tillemont, Le Beau, Benoît XIV, etc. auxquels il seroit aisé d'ajouter une infinité d'autres savans, même parmi les plus connus pour la sévérité de leur critique. Il nous suffira de rapporter ici le témoignage de Bossuet, qui, non content de rappeler le fait en peu de mots dans son *Histoire universelle* (2), y insiste particulièrement dans son magnifique *Sermon sur la*

(1) Il paroît que, dans le principe, la fête de l'*Invention de la sainte Croix* n'étoit pas distinguée de l'*Exaltation,* établie en mémoire de la dédicace de l'église du Saint-Sépulcre de Jérusalem, et de l'apparition miraculeuse de la Croix de Jésus-Christ à l'empereur Constantin. Ce n'est guère qu'au sixième siècle que fut instituée en Occident la fête particulière que nous célébrons aujourd'hui le 5 mai, en mémoire de l'*Invention de la sainte Croix.* Les Grecs et les Orientaux joignent encore aujourd'hui la fête de l'*Invention* à celle de l'*Exaltation,* le 14 septembre. On trouvera de plus amples détails sur l'origine et les vicissitudes de ces deux fêtes dans les *Actes des Saints,* sous les dates du 5 mai et du 14 septembre. Voyez aussi Baillet et Benoît XIV, *ibid.* — Gretser, *de Cruce,* tom. I, lib. I, cap. LXIV, etc.

(2) *Discours sur l'Hist. univ.* Ire partie, IIe époque.

Royauté de Jésus-Christ (1), où il fait remarquer à ses auditeurs, comme un trait singulier
de la Providence divine, que la Croix de Jésus-
Christ a été découverte précisément à l'époque
où la paix venoit d'être donnée à l'Eglise, et où
le monde entier, dompté par la Croix, fléchis-
soit sous les lois du Sauveur. « Dans ce même
» temps, dit Bossuet, où la paix étant donnée à
» l'Eglise, tout ne respiroit que Jésus;.... dans
» ce même temps, la Croix précieuse à laquelle
» avoit été attaché le Sauveur,...., fut décou-
» verte *par de grands et extraordinaires mi-
» racles :* elle fut reconnue, elle fut adorée. Et
» *ce n'est point ici une histoire douteuse ;* elle
» doit être approuvée par tous ceux qui aiment
» les antiquités chrétiennes, dans lesquelles
» nous la voyons *très-évidemment attestée.* Eh!
» penseriez-vous bien, chrétiens, qu'une chose
» si mémorable, si célèbre parmi les Pères,
» soit arrivée en ce temps sans quelque pro-
» fond conseil de la sagesse éternelle? Cela est
» hors de toute apparence. Que dirons-nous
» donc en cette rencontre? C'est que tout le
» monde est dompté, tout a fléchi sous les lois
» du Sauveur. Paroissez, paroissez, il est temps,
» ô Croix qui avez fait cet ouvrage ; c'est vous

(1) Ier *Sermon pour la fête de la Circoncision de N. S. OEuvr.*
éd. de 1816, tom. XI, pag. 472.

» qui avez brisé les idoles ; c'est vous qui avez
» subjugué les peuples ; c'est vous qui avez donné
» la victoire aux valeureux soldats de Jésus-
» Christ, qui ont tout surmonté par la patience.
» Vous serez gravée sur le front des rois, vous
» serez le principal ornement de la couronne
» des empereurs, ô Croix qui êtes la joie et l'es-
» pérance de tous les fidèles. »

SECONDE QUESTION.

Qu'est devenu le bois sacré de la croix depuis sa découverte miraculeuse
sous Constantin (1).

Sainte Hélène, ravie d'avoir trouvé le riche
trésor qu'elle souhaitoit si ardemment, le partagea en deux parties principales, dont elle
laissa la plus considérable à Jérusalem, et envoya l'autre à l'Empereur son fils. Nous allons
donner en peu de mots l'histoire de ces deux
portions de la sainte Croix, d'où sont venues
toutes celles qu'on a vénérées et qu'on vénère
encore aujourd'hui dans les différentes églises
de la chrétienté.

I. La pieuse impératrice, ayant fait enchâsser dans une boîte d'argent la portion du bois
sacré qui devoit rester à Jérusalem, la remit
entre les mains du patriarche saint Macaire,

_____

(1) Voyez, sur cette seconde question, les auteurs déjà cités
sur la première, et surtout Baillet et Tillemont.

pour conserver à la postérité ce précieux monument du grand mystère de la rédemption des hommes. Il fut déposé dans une magnifique église, qui fut alors bâtie par les ordres de Constantin, et que les anciens auteurs nomment, tantôt l'*Anastase* ou *la Résurrection*, tantôt *l'Église de la Croix* ou *de la Passion*, tantôt *le Saint-Sépulcre*. L'Empereur recommanda à l'évêque Macaire de ne rien épargner pour faire de cette église le plus bel édifice de de l'univers. Il ordonna en même temps à Dracilien, gouverneur de Palestine, de fournir à l'évêque tous les ouvriers et les matériaux qu'il demanderoit. Il envoya lui-même, pour cet objet, une grande quantité d'or, de pierreries, et de marbres précieux; en un mot, il sembla vouloir imiter, par l'éclat des ornemens, la splendeur dont ce saint lieu avoit brillé au moment de la résurrection du Sauveur. L'historien Eusèbe nous a laissé une description détaillée de cet édifice, qui fut commencé sous les yeux de sainte Hélène, mais qui ne fut terminé et dédié que huit ans après (1).

(1) Eusèbe, *Vita Constant.* lib. III, cap. xxix, etc. — On peut voir aussi, sur le plan et la construction de *l'église du Saint-Sépulcre*, la iie Dissertation de M. de Valois, à la suite de l'ouvrage d'Eusèbe. — *Mémoires* de Tillemont, *ubi suprà*, pag. 640, etc. — *Hist. ecclés.* de Fleury, liv. XI, n. 54. — *Hist. du Bas-Empire*, tom. I, liv. IV, n. 54.

A peine fut-il achevé, qu'on y accourut en foule, de toutes les parties du monde chrétien, pour vénérer le bois sacré qui en faisoit le plus bel ornement. Les pélerins les plus distingués regardoient comme une insigne faveur d'en obtenir quelque parcelle. L'évêque seul avoit le pouvoir d'accorder cette grâce; mais il l'accordoit, dès ces premiers temps, à un si grand nombre de personnes, qu'au témoignage de saint Cyrille de Jérusalem, qui écrivoit environ vingt-cinq ans après la découverte de la sainte Croix, ce précieux trésor fut, en peu de temps, *répandu par tout le monde* (1). Saint Paulin, qui atteste la même chose dans sa lettre à Sulpice-Sévère déjà citée, ajoute que, par un effet de la puissance divine, la portion de la sainte Croix qui se conservoit à Jérusalem *n'éprouvoit aucune diminution*, malgré la distribution qui s'en faisoit journellement à une multitude de pélerins. Le seul témoignage de saint Paulin (2) ne suffit pas, à la vérité, pour établir

____

(1) S. Cyril. *Catech. ubi suprà.*

(2) C'est par erreur que Baillet, (*Fêtes mob. Vendredi-saint,* pag. 246) Alban Butler, (5 mai) et quelques autres, citent à l'appui de ce témoignage de saint Paulin, les *Catéchèses de saint Cyrille de Jérusalem.* Tillemont a remarqué avant nous, que saint Cyrille ne parloit point du miracle rapporté par saint Paulin. Nous sommes portés à croire que les auteurs modernes qui invoquent l'autorité de saint Cyrille sur ce

d'une manière décisive ce fait miraculeux; mais ce temoignage prouve du moins quel étoit le profond respect des fidèles pour la sainte Croix, et leur empressement à s'en procurer quelque parcelle. Plusieurs monumens de cette époque nous offrent des témoignages non moins remarquables de la même dévotion. Saint Grégoire de Nysse rapporte de sainte Macrine, sa sœur, qu'elle portoit habituellement à son cou une Croix de fer, avec un anneau qui renfermoit une parcelle de la vraie Croix (1). Saint Jean-Chrysostôme nous apprend que, de son temps, cette marque de dévotion envers la Croix de Jésus-Christ étoit devenue très-commune parmi les fidèles; et il en prend occasion de relever la puissance divine, qui a transformé en un signe de gloire ce qui étoit autrefois un objet de malédiction. « Autrefois, dit-il (2), la Croix » étoit un symbole de mort, et de la mort la » plus honteuse. Pourquoi donc est-elle aujour-» d'hui recherchée de tous avec tant d'empres-» sement, et préférée aux plus riches trésors? » D'où vient que tous se disputent à l'envi le » bois auquel a été attaché le corps sacré de

point, ont été induits en erreur par un passage du saint docteur, dont ils n'ont pas saisi le vrai sens. (*Catech. X*, n. 19.)

(1) S. Gregor. Nyss. *Vita S. Macrinæ.* Oper. tom. II, p. 198.

(2) S. Chrys. *lib. contr. Jud. et Gent. Quòd Christus sit Deus.* Ed. Bened. tom. I, pag. 571.

» Jésus-Christ? Pourquoi un si grand nombre
» d'hommes et de femmes tiennent-ils à hon-
» neur d'enchâsser dans l'or, et de suspendre
» à leur cou une simple parcelle de ce bois, qui
» étoit autrefois un signe de châtiment et de
» condamnation? Ah! c'est que le même Dieu
» qui a tout fait et qui gouverne tout, qui a re-
» tiré l'univers d'une si profonde corruption, et
» transformé, pour ainsi dire, la terre en ciel,
» s'est plu à élever au-dessus des cieux ce signe
» d'ignominie, et l'instrument du plus honteux
» supplice. » La lettre déjà citée de saint Paulin exprime, de la manière la plus touchante,
l'esprit et les dispositions qui animoient ces témoignages extérieurs de la dévotion des fidèles
pour la Croix de Jésus-Christ. Le saint évêque,
envoyant à Sulpice-Sévère, son ami, une parcelle de ce bois sacré, pour mettre dans une
église qu'il faisoit bâtir, lui parle en ces termes (1) : « Recevez donc de vos frères bien-ai-
» més, qui souhaitent ardemment de partager
» tous leurs biens avec vous, ce présent, si petit
» en apparence, mais dans la vérité si excellent;
» et considérez, dans cette particule de bois à
» peine sensible, un préservatif tout-puissant
» contre les maux de cette vie, et le gage pré-

____

(1) S. Paulin. *ad Sulp. Sev. Epist.* XXXI, (aliàs XI) n. 1.

» cieux du salut éternel. Que votre foi s'élève
» au-dessus des sens qui ne voient ici qu'un ob-
» jet méprisable, et qu'elle vous fasse aperce-
» voir, des yeux de l'ame, toute la vertu de la
» Croix dans cette foible parcelle. Réjouissez-
» vous avec un saint tremblement, en vous per-
» suadant que vous avez sous les yeux ce bois
» sacré où le salut du monde, où le Dieu de
» majesté a voulu être attaché, au grand éton-
» nement du monde entier. Rappelons-nous les
» rochers brisés à la vue de cette Croix; et que
» nos cœurs, saisis d'une sainte émulation,
» soient aussi brisés par la crainte de Dieu.
» Pensons au voile du temple déchiré par le
» mystère de la Croix, et comprenons que le
» déchirement de ce voile nous apprend à ne
» pas endurcir nos cœurs en écoutant la voix
» de Dieu, et en considérant le mystère de sa
» charité infinie; mais à nous séparer de la
» chair, et à déchirer le voile de notre infidé-
» lité, afin que notre esprit, dégagé de tout
» obstacle, puisse contempler à loisir les mys-
» tères de la bonté divine. »

L'empressement universel des fidèles pour
vénérer la sainte Croix qui se conservoit à Jérusalem, peut faire juger quelle dut être leur
douleur, lorsqu'en 614, ils virent ce précieux
trésor tomber pour un temps entre les mains

des infidèles (1). Chosroès, roi des Perses, ayant pris cette ville, emporta avec lui toutes ses richesses, qui consistoient principalement en vases sacrés et en reliques. Parmi celles-ci, étoient plusieurs morceaux de la vraie Croix, enfermés dans une boîte d'argent, sous le sceau du patriarche de Jérusalem, et qui demeurèrent ainsi au pouvoir des Perses pendant l'espace de quatorze ans. Mais après la mort de Chosroès, Héraclius les retira des mains de Siroès, son fils et son successeur, par un traité de paix qu'il fit avec lui en 628. A cette époque, la sainte Croix fut remise entre les mains du patriarche de Jérusalem, en l'état où elle avoit été enlevée, les Perses n'ayant pas même eu la curiosité d'ouvrir la boîte qui la renfermoit, comme on s'en assura par l'inspection des sceaux qui furent trouvés entiers. Après cette vérification, la sainte Relique fut solennellement replacée dans l'église du Saint-Sépulcre. L'Empereur lui-même voulut porter sur ses épaules, et nu-pieds, jusqu'au sommet du Calvaire, le bois sacré qu'il regardoit comme le plus glorieux trophée de ses victoires. Cette imposante cérémonie fut un sujet de joie pour

(1) Outre les auteurs déjà cités, voyez sur cet évènement l'*Hist. eccl.* de Fleury, liv. XXXVII, n. 10 et 54; XXXVIII, n. 5. — *Hist. des Crois.* par M. Michaud, liv. I, pag. 18. — *Hist. du Bas-Emp.* t. XII, liv. LVI, n. 9; liv. LVII, n. 57 et 41; liv. LVIII, n. 50. — Benoît XIV, *de Festis*, lib. I, cap. XVI.

toute l'Église, qui en célèbre encore la mémoire le 14 septembre, jour de *l'Exaltation de la sainte Croix*. L'apparition miraculeuse de la Croix à Constantin, et la découverte de la Croix de Jésus-Christ par sainte Hélène, avoient déjà fait établir cette fête, qui devint beaucoup plus solennelle depuis l'évènement important que nous venons de rapporter (1).

(1) Benoît XIV et quelques autres savans croient qu'il faut rapporter à cet évènement une médaille d'Héraclius, représentant d'un côté l'effigie de cet empereur, et de l'autre l'image de la Croix avec cette inscription : *Victoria Augusti* ou *Victoria Augusta*. Ces derniers mots, joints à l'image de la Croix, renferment, au jugement de Benoît XIV, une allusion assez claire à la victoire d'Héraclius sur les Perses. (Voyez Benoît XIV, *ubi suprà*, n. 7, 14 et 15. — *Mémoires de Trévoux*, août 1704.) Mais cette allusion a paru fort douteuse à d'autres savans, et particulièrement aux rédacteurs des *Mémoires de Trévoux*, qui ont remarqué qu'on trouvoit, sur des médailles plus anciennes qu'Héraclius, l'image de la Croix, ordinairement jointe au monogramme du mot Christ (☧ ou ☧ abrégé de Χριστος) avec différentes inscriptions en l'honneur de la Croix, telles que celles-ci : *Victoria Auggg.* c'est-à-dire *Victoria Augusti* ou *Augustorum, Virtus exercitus, Gloria exercitus, Salus reipublicæ*, etc. Il est certain en effet que depuis la conversion de Constantin, et long-temps avant le règne d'Héraclius, on a frappé des médailles de ce genre. Il suffit, pour s'en convaincre, de lire la *Dissertation* que Ducange a publiée à la suite de son *Glossaire latin, sur les médailles des empereurs de Constantinople*, (n. 23, etc.) On trouve aussi dans l'ouvrage de Gretser, *sur la Croix*, le dessin et l'explication des médailles dont il s'agit. (Gretser, *de Cruce*, tom. III, lib. I.) Nous remarquerons, en passant, que plusieurs mé-

Quelques années après, c'est-à-dire vers l'an 635, la crainte des profanations auxquelles la sainte Croix étoit encore exposée à Jérusalem par les conquêtes des Musulmans, obligea l'empereur Héraclius de la transporter à Constantinople. Mais il paroît que ce ne fut pas dailles de ce genre, postérieures à l'empereur Constantin Pogonat, portent d'un côté la figure de l'Empereur, et de l'autre celle de Jésus-Christ, avec le monogramme des mots *Christ* et *Jésus.* (IC XC, ou IHS XPS, abrégé de Ιησους Χριστος.) Ducange cite en particulier (*ibid.* n. 26) une médaille de l'empereur Justinien II, (en 685) qui représente d'un côté la figure de cet empereur, avec cette inscription : *D. N. Justinianus servus Christi*, et de l'autre la figure de Jésus-Christ avec cette inscription : I H S *Christus rex regnantium.* On sait d'ailleurs que les monogrammes des mots *Christ* et *Jésus* étoient fréquemment employés à la même époque dans les inscriptions sépulcrales, comme l'ont remarqué les savans qui ont écrit sur les antiquités chrétiennes. (Voy. entre autres : *Dominici Georgi de Monogrammate Christi Domini Dissertatio : Romæ*, 1758, in-4°. *Joseph Allegrantiæ, de Sepulchris Christianis : Mediolani*, 1775, in-4°. Voyez la préface de cet ouvrage, et la planche qui le termine.) On peut juger par ces détails, avec combien peu de fondement on a représenté dans ces derniers temps le monogramme de Jésus comme une invention des Jésuites, et comme l'abrégé de ces mots : *Jesu humilis societas.* (Voyez l'*Ami de la Religion*, des 11 et 14 juin 1828; et les autres *Gazettes* de cette époque.) Les déclamations qu'on s'est permises à ce sujet contre la Société étoient d'autant plus déplacées, que le monogramme de Jésus se voit encore aujourd'hui sur les principales églises de Londres, et sur des pièces de monnoie frappées à Genève. Assurément cet usage du monogramme ne sauroit être attribué au crédit des Jésuites en Angleterre et à Genève.

pour long-temps, ou du moins qu'il n'en dé-
pouilla pas entièrement la ville sainte; car il
est certain, par l'histoire, qu'on y voyoit encore
la vraie Croix depuis cette époque, spécialement au temps des Croisades. Voici ce qu'on lit
à ce sujet dans l'*Histoire des Croisades,* par
M. Michaud, sous la date de 1099 : Après la prise
de Jérusalem, « les Croisés détournèrent bien-
» tôt leurs regards des trésors promis à leur
» valeur, pour embrasser une conquête plus pré-
» cieuse à leurs yeux : c'étoit la vraie Croix en-
» levée par Chosroès, et rapportée à Jérusa-
» lem par Héraclius. Les chrétiens enfermés
» dans la ville l'avoient dérobée, pendant le
» siège, aux regards des Musulmans. Son aspect
» excita les plus vifs transports parmi les péle-
» rins... Elle fut promenée en triomphe dans
» les rues de Jérusalem, et replacée ensuite dans
» l'église de la Résurrection (1). » On trouve
de plus amples détails sur ce point dans une
lettre écrite quelques années après, c'est-à-
dire en 1109, à l'évêque et au chapitre de Paris, par Anselle ou Anseau, ancien chanoine
de cette église, et alors grand chantre de l'é-
glise du Saint-Sépulcre de Jérusalem. « Après
» la mort d'Héraclius, dit-il, les infidèles, ani-

(1) *Hist. des Croisades,* tom. I, liv. IV, pag. 452. Voyez
aussi l'*Hist. ecclés. de Fleury,* liv. LXV, n. 2.

» més d'une haine implacable contre les chré-
» tiens, conçurent le dessein d'éteindre le nom
» de Jésus-Christ et le souvenir même de sa
» Croix et de son tombeau (1). Ayant donc
» amassé une grande quantité de bois auprès
» de l'église du Saint-Sépulcre, ils la brûlèrent
» en partie. Ils eussent traité de même la sainte
» Croix; mais elle avoit été cachée par les chré-
» tiens, dont plusieurs furent mis à mort à cette
» occasion. Enfin les chrétiens, ayant délibéré
» entre eux sur le parti qu'ils devoient prendre,
» divisèrent la sainte Relique en plusieurs por-
» tions, qu'ils distribuèrent à différentes églises,
» afin que, si quelqu'une venoit à être brûlée,
» on eût au moins la consolation de conserver
» les autres. C'est pour cela que l'on voit à Con-
» stantinople, outre la croix de l'Empereur (2),

(1) Anseau ne détermine pas l'époque précise des faits dont
il parle ici , et qu'il dit seulement avoir eu lieu *après la mort
d'Héraclius.* Il est vraisemblable que ces faits doivent être
rapportés à l'année 645, pendant laquelle les Musulmans se
portèrent à de nouveaux excès contre la Croix de Jésus-Christ,
à l'occasion de la mosquée que le calife Omar fit alors con-
struire à Jérusalem, à la place du temple de Salomon. Voyez
les *Annales de Baronius* , année 645, n. 1. — *Hist. eccl.* de
Fleury, tom. VIII, liv. XXXVIII, n. 9.

(2) Il s'agit vraisemblablement ici de la *Croix de la Victoire*
dont nous parlerons plus bas à l'occasion de la vraie Croix de
la Sainte-Chapelle. (Voyez au n° I des *Pièces justificatives,*
les notes sur la lettre de l'empereur Baudouin II.)

» trois autres Croix faites du bois sacré, deux
» en Chypre, une en Crète, trois à Antioche,
» une à Edesse, une à Alexandrie, une à Asca-
» lon, une à Damas, enfin quatre à Jérusalem.
» De ces quatre dernières, l'une appartient aux
» Syriens, l'autre aux Grecs du monastère de
» Saint-Sabas, la troisième aux moines de la
» vallée de Josaphat. Nous autres Latins, nous
» possédons au Saint-Sépulcre la quatrième, qui
» a un palme et demi de long, sur un pouce de
» large, et autant d'épaisseur. Le patriarche des
» Géorgiens en a aussi une, et le roi des Géor-
» giens en avoit une autre que je vous ai en-
» voyée (1). »

Il seroit difficile de pousser plus loin l'histoire
de la portion de la sainte Croix que sainte Hélène laissa à Jérusalem, après son invention miraculeuse. Les détails qu'on pourroit ajouter à
cette histoire trouveront leur place dans l'examen des questions suivantes. Pour terminer ce
qui regarde la question présente, il nous reste
à examiner ce que devint la portion de la sainte
Croix envoyée par sainte Hélène à Constantin.

(1) Cette lettre d'Anseau est de 1109. Elle se conservoit avant
la révolution dans les archives de l'église de Paris ; elle est
imprimée dans le *Gallia Christ.* tom. VII, *Pièces justificatives*, pag. 45 et 46 ; et dans l'*Hist. de Paris*, par Dubois,
tom. II, pag. 16, etc. On la trouvera à la suite de cette *Notice*, n. 2 des *Pièces justificatives.*

II. Ce religieux prince reçut, avec les témoignages du plus profond respect, une relique si précieuse ; et aussitôt qu'on eut achevé la nouvelle ville de Constantinople, c'est-à-dire, vers l'an 330, il fit mettre une portion du bois sacré dans sa statue, élevée au milieu de la grande place, sur une colonne de porphyre, persuadé que ce pieux monument seroit, pour la ville impériale, une sauvegarde assurée contre toute sortes de dangers.

Le concours des pélerins, pour vénérer la sainte Croix, n'étoit guère moindre à Constantinople qu'à Jérusalem ; et les empereurs chrétiens, à l'exemple des patriarches de Jérusalem, ne faisoient pas difficulté de répondre au pieux empressement des fidèles pour en obtenir quelque parcelle. Constantin lui-même en fit porter un morceau considérable à Rome (1), pour être placé dans l'*église de Sainte-Croix de Jérusalem,* qui fut bâtie vers cette époque. On voit encore aujourd'hui, dans la même église, cette précieuse portion de la vraie Croix, qui a trois pieds de long, et dont on a détaché le morceau qui se conserve dans la *basilique du Vatican* (2).

(1) *Hist. eccl.* de Fleury, liv. XI, n. 56.
(2) *Roma antica e moderna. In Roma,* 1750, 3 vol. in-8°, tom. I, pag. 68 ; II, 461.

L'empereur Justin II envoya aussi, en 569, une portion notable de la vraie Croix à sainte Radegonde, femme du roi Clotaire I, qui enrichit de cette précieuse relique le *monastère de Sainte-Croix* à Poitiers (1). Ce fut à cette occasion que Fortunat, depuis évêque de cette ville, composa la belle hymne *Vexilla Regis*, etc. que l'Église chante encore aujour-

(1) Cette portion de la vraie Croix, une des premières qui aient été apportées en France, se voyoit encore à Poitiers avant la révolution, chez les *Dames de Sainte-Croix*. La Relique étoit placée dans une petite boîte d'or, plate et oblongue, qui étoit elle-même renfermée dans un riche reliquaire tout couvert de diamans. A l'époque de la révolution, les *Dames de Sainte-Croix* abandonnèrent le reliquaire, et cachèrent soigneusement la sainte Relique, qui a été reconnue depuis par les évêques de Poitiers, et que ces Dames conservent encore dans la nouvelle maison où elles sont réunies.

L'église de Saint-Pierre *le Puellier* à Poitiers possédoit autrefois une autre portion de la vraie Croix, que l'on croyoit avoir été donnée à cette ville dès le temps de sainte Hélène, par une personne de sa suite qui l'avoit accompagnée à Jérusalem en 326. Il paroît que cette portion de la vraie Croix fut saisie à l'époque de la révolution par un officier municipal, des mains duquel un ecclésiastique du diocèse l'a depuis retirée ; mais elle n'a pas encore été rendue à la vénération publique. Nous tirons tous ces détails des pièces que nous avons reçues de Poitiers même, et spécialement de celles qui nous ont été communiquées par M. l'abbé de Rochemonteix, vicaire-général du diocèse. Sur la vraie Croix qui se conservoit à Saint-Pierre le Puellier, on peut consulter les *Annales d'Aquitaine*, par Jean Bouchet. *Poitiers*, 1644, in-fol. Première partie, chap. v.

d'hui en l'honneur de la Croix (1). Quinze ans après, c'est-à-dire en 585, saint Grégoire-le-Grand, qui fut depuis pape, et qui étoit alors nonce du pape Pélage II auprès des empereurs Tibère et Maurice, rapporta aussi de Constantinople quelques morceaux de la Croix, dont il donna, en 599, une portion à Recarède, roi des Visigots en Espagne, nouvellement converti de l'arianisme à la foi catholique.

Les empereurs latins de Constantinople imitèrent la pieuse générosité de leurs prédécesseurs, en faisant présent de quelques portions de la vraie Croix à diverses personnes, et surtout aux rois de France, qui en distribuèrent eux-mêmes à plusieurs églises de leur royaume. L'histoire fait surtout mention d'un morceau de la vraie Croix d'un pied de long, envoyé en 1201, par l'empereur Baudouin Ier, au roi Philippe-Auguste, qui en fit présent à l'abbaye de Saint-Denis (2). Ce fut vraisemblablement vers

(1) On a aussi attribué à Fortunat l'hymne de la Passion, *Pange, lingua, gloriosi lauream certaminis;* mais il paroît qu'elle est de Claudien Mamert. Voyez l'*Hist. de l'Église Gallicane*, par le P. Longueval, tom. III, liv. VII, année 570.

(2) Voyez Baillet, 3 mai, n. 3. *Hist. de l'Église Gallicane*, tom. X, liv. XXIX, année 1203, pag. 243. — *Hist. de l'abbaye de Saint-Denis*, par Félibien, liv. IV, année 1205. On voyoit encore cette précieuse relique à Saint-Denis, à l'époque de la révolution, dans une croix d'or toute couverte de

le même temps que la ville de Maëstricht, dans les Pays-Bas, fut enrichie d'une portion considérable de la sainte Croix, dont on peut voir le dessin et la description dans l'ouvrage de Gretser *sur la Croix* (1). La sainte Relique est enchâssée en forme de *croix grecque* (2), dans

pierres précieuses. On peut voir la description et le dessin de ce magnifique reliquaire dans l'*Hist. de l'abbaye de Saint-Denis*, par Félibien, pag. 556.

M. Michaud, dans l'*Hist. des Croisades*, (tom. III, note de la pag. 274) suppose que le morceau de la vraie Croix dont il est ici question s'est conservé dans le trésor de la Sainte-Chapelle jusqu'en 1791, et qu'alors seulement il fut porté à Saint-Denis. Il paroît que c'est une méprise. Les historiens s'accordent à dire que ce morceau de la vraie Croix fut donné par Philippe-Auguste à l'abbaye de Saint-Denis, qui l'a toujours conservé jusqu'à l'époque de la révolution. M. Michaud est le seul, du moins à notre connoissance, qui dise le contraire. (Voyez en particulier l'*Hist. de l'abbaye de Saint-Denis*, pag. 215 et 556.) Il ajoute au même endroit, que cette précieuse relique *se trouve de nouveau dans le trésor de l'église de Saint-Denis*. Nous craignons que l'illustre auteur n'ait été mal informé ; car un chanoine de Saint-Denis, à qui nous avons demandé quelques éclaircissemens sur ce fait, n'en a aucune connoissance.

(1) Gretser, *de Cruce*, tom. III, pag. 558.

(2) C'est un usage très-ancien de disposer la vraie Croix dans les reliquaires en forme de *croix simple*, ou de *croix grecque*. On observoit cette dernière forme dans *la croix de la Sainte-Chapelle de Paris*, dans celle de *Maëstricht*, dont nous parlons ici, et dans celle de *la princesse Palatine*, dont nous parlerons bientôt. Il seroit assez difficile d'assigner la véritable origine de cette *croix grecque*. On peut voir dans la *Disserta-*

une lame d'or qui la recouvre toute entière, à l'exception d'une seule face. Elle a environ dix pouces de long sur un pouce de large : sa plus grande traverse est d'environ sept pouces et demi, et la plus petite de quatre pouces et demi. La lame d'or qui l'environne est soigneusement travaillée, ornée de reliefs et de pierres précieuses. Elle porte une inscription grecque, qui montre que ce reliquaire a été fait par les ordres d'un empereur grec, nommé *Romain*, que Gretser croit être le premier ou le second de ce nom (1).

Trente-cinq ans après la donation faite à Philippe-Auguste par Baudouin Ier, l'empereur Baudouin II, ayant été réduit à la triste nécessité d'engager aux Templiers plusieurs morceaux considérables de la vraie Croix avec d'autres Reliques de la chapelle impériale, pour remplir le vide occasionné dans son trésor par

tion de Ducange *sur les médailles des empereurs de Constantinople*, (à la suite de son *Glossaire latin*, n. 23) les principales conjectures des savans sur ce point. Toutefois nous sommes portés à croire qu'on a voulu imiter par cette forme celle que la croix de Jésus-Christ devoit avoir, lorsque le *Titre* y étoit attaché. On voit en effet, par la portion de ce *Titre* qui subsiste encore, et dont nous parlerons dans la question suivante, qu'il devoit avoir environ dix-huit ou vingt pouces de long, et environ six pouces de large.

(1) Romain Ier monta sur le trône en 919, et Romain II en 950.

le fléau de la guerre, saint Louis, instruit de cette résolution, lui envoya des personnes de confiance, avec l'argent nécessaire pour retirer ces précieux objets. Ils furent apportés en France en 1241, et solennellement transférés dans la chapelle du Palais, le 14 septembre, avec les mêmes cérémonies qui avoient eu lieu deux ans auparavant, en l'honneur de la sainte Couronne, et dont nous aurons bientôt occasion de parler. L'église de Paris célèbre la mémoire de cette translation le 14 septembre, jour de l'*Exaltation de la sainte Croix* (1). On conservoit encore à la *Sainte-Chapelle* de Paris, à l'époque de la révolution, l'étui dans lequel avoit été apporté en France le principal morceau de la vraie Croix envoyé à saint Louis par l'empereur de Constantinople. Cet étui, dont l'intérieur est ici représenté, d'après le dessin qu'on en trouve dans l'*Histoire de la Sainte-Chapelle* par Morand, avoit environ deux pieds dix pouces de long, sur un pied trois pouces de large. Il étoit garni, en dedans, d'une lame d'argent doré.

(1) Voyez Baillet, *ibid.* — *Hist. de l'Église Gall.* tom. XI, liv. XXXI, années 1229-1240, pag. 161. — *Hist. du Bas-Empire*, tom. XXI, liv. XCVIII, n. 18. — *Collection des Mémoires* publiés par M. Petitot, tom. I, pag. 500. — *Hist. de l'empire de C. P.* par Ducange, deuxième partie, pag. 124. — Voyez aussi le n. I des *Pièces justificatives* placées à la suite de cette *Notice.*

Intérieur de l'étui de la vraie Croix de la Sainte Chapelle.

On avoit ménagé, dans le fond, trois creux de grandeurs différentes, en forme de *croix grecques*, destinés à recevoir trois portions différentes de la vraie Croix. La principale de ces portions, qui étoit déposée dans la *grande châsse* de la Sainte-Chapelle, avoit, lorsqu'elle fut apportée en France, deux pieds six pouces et demi de long, sur deux pouces de large, et un pouce et demi d'épaisseur. La plus grande traverse paroit avoir eu environ un pied de long. On ne sait ce qu'étoient devenues les deux croix de moindre grandeur, qui se trouvoient autrefois dans l'étui, auprès de la croix principale. Au bas de cette dernière, on voyoit, à droite et à gauche, deux figures en relief, avec deux inscriptions qui indiquoient *sainte Hélène* et *Constantin*. Au-dessus des bras de la même croix, on voyoit quatre anges dans l'attitude de l'adoration, et dont les noms *Michel, Gabriel, Raphaël* et *Uriel* (1) étoient écrits en caractères grecs majuscules.

(1) L'usage commun de l'Eglise, selon la remarque de Benoît XIV, ne reconnoît pour certains et authentiques, parmi les noms des bons anges, que ceux de *Michel, Gabriel et Raphaël*. Toutefois il est constant que plusieurs auteurs ecclésiastiques, et même plusieurs anciennes liturgies orientales, ont mis *Uriel* au nombre des bons anges. On le trouve aussi dans quelques anciennes litanies, publiées par le P. Mabillon dans le tom. II de ses *Analectes*, et qui remontent jusqu'au temps de Charle-

A l'occasion de ces présens faits à nos rois en 1205 et 1241 par les empereurs de Constantinople, Baillet assure « qu'avec les différentes » portions de la vraie Croix qui s'étoient répan- » dues dans les différentes églises et monas- » tères du royaume, pendant plusieurs siècles, » la vraie Croix se trouva *presque toute rassem-* » *blée en France* (1). Cette assertion de Baillet paroîtra sans doute un peu hasardée, si l'on considère qu'à l'époque dont il s'agit, plusieurs célèbres églises, hors de France, possédoient certainement des portions considérables de la vraie Croix (2). Toutefois il est vraisemblable

magne. La doctrine qui met *Uriel* au nombre des bons anges paroît être fondée sur une ancienne tradition des Juifs, consignée en particulier dans le IVe livre d'Esdras. (V. 20) Voyez le *Dictionnaire de la Bible* de D. Calmet, art. *Uriel*. — *Dissertation sur les bons et mauvais anges*, dans le tome XIII de la Bible de Vence, art. I. — Ben. XIV, *de Canoniz. Sanct.* lib. IV, part. II, cap. xxx, n. 3.

(1) Baillet. *Fêtes mobiles*, pag. 246.

(2) Outre les différentes portions dont il est parlé dans la lettre d'Anseau, nous avons cité plus haut celles qui furent envoyées à Rome par Constantin, et plusieurs siècles après par les empereurs Constantin et Maurice. Les auteurs font mention d'un autre morceau considérable de la vraie Croix, (*miræ magnitudinis portio*) qui paroît avoir été envoyée à Rome, vers l'an 450, par le patriarche de Jérusalem, et qui se conserve encore aujourd'hui dans le trésor de la chapelle pontificale du Vatican. (Gretser, *de Cruce*, tom. I, lib. I, cap. lxxix. — Curtius, *de Clavis Dominicis*, cap. v, pag. 51.) Le royaume de Pologne possédoit aussi, avant le treizième siècle, plusieurs

que la plus grande partie de ce bois sacré se trouvoit alors en France, par suite des divers présens dont ce royaume avoit été successivement enrichi.

Nous devons ici prévenir une difficulté que l'histoire du temps pourroit faire naître, au sujet des portions de la sainte Croix et des autres Reliques envoyées à nos rois par les empereurs Baudouin Ier et Baudouin II, depuis la prise de Constantinople par les Croisés en 1204. Cette ville, ayant alors été livrée au pillage par les généraux de l'armée victorieuse, devint le théâtre de tous les désordres qui sont presque inévitables dans le saccagement d'une ville opulente ; et quoiqu'on ne doive pas adopter aveuglément le récit affreux que les historiens grecs

portions **notables** de la vraie Croix. Outre la *Croix Palatine*, dont nous parlerons ailleurs, et qui paroît avoir été donnée à un prince polonais, par l'empereur Manuel Comnène, vers le milieu du douzième siècle, l'histoire de Pologne fait mention d'une *portion notable* de la sainte Croix, donnée par l'empereur grec à saint Étienne, roi de Hongrie, et que saint Emeric, son fils, déposa en 1006 sur la montagne du Calvaire, située aux environs de Sandomir, dans la Pologne méridionale (à trente lieues nord-est de Cracovie.) Le roi de Pologne, Boleslas Ier, fonda, la même année, sur cette montagne un monastère de Bénédictins, avec une église en l'honneur de la Croix, où l'on a toujours conservé depuis la précieuse Relique déposée sur le Calvaire par saint Emeric. (Voyez Dlugossi, *Historiæ Polonicæ, libri XII: Lipsiæ*, 1711, in-fol. pag. 32 et 149.)

ont fait de ces désordres, il est certain, par
le témoignage même des Latins, que l'armée
des Croisés se porta en cette occasion aux plus
grands excès de fureur et d'avidité (1). Les
églises mêmes ne furent pas épargnées : les
vases d'or et d'argent destinés aux usages les
plus saints furent pillés ; les croix, les châsses,
les reliquaires furent mis en pièces, et les Reliques enlevées par une foule de particuliers,
qui les dispersèrent ou se les approprièrent.
Les seigneurs, il est vrai, obvièrent d'assez
bonne heure à ces désordres, en tenant un conseil dont le résultat fut que le légat et les évêques ordonneroient, sous peine d'excommu-
nication, de remettre à Garnier, évêque de
Troyes, tout ce qui seroit trouvé de Reliques
dans la ville. Mais on conçoit aisément que le
désordre dont nous venons de parler a pu, dans
la suite, rendre assez difficile le discernement
de bien des Reliques, et par conséquent répan-
dre des doutes sur l'authenticité de plusieurs.
Aussi les auteurs de l'*Histoire de l'Église Gallicane* (2) ont-ils observé que, parmi un grand
nombre d'églises d'Occident, auxquelles les

____

(1) *Hist. eccl. de Fleury*, liv. LXXVI, n. 2 et 3. — *Hist. de
l'Égl. Gall.* tom. X, liv. XXIX, année 1205, pag. 242, etc.
— *Hist. du Bas-Empire*, tom. XX, liv. XCIV, n. 44.

(2) *Hist. de l'Ég. Gall. ubi suprà*, pag. 244.

Croisés distribuèrent les Reliques enlevées à Constantinople, toutes ne produisent pas des titres capables d'opérer une entière conviction. Il résulteroit de ces faits une sérieuse difficulté contre l'authenticité des saintes Reliques envoyées à nos rois par les empereurs latins de Constantinople, si elles provenoient des églises qui furent alors exposées au pillage et à la profanation. Mais il est à remarquer que ces Reliques étoient tirées de la chapelle du palais *Bucoléon* (1), qui fut heureusement préservé du pillage, aussi bien que tous les postes importans de la ville impériale. Voici ce qu'on lit à ce sujet dans l'*Histoire du Bas-Empire*, qui ne fait ici que suivre Villehardouin (2), auteur contemporain, et témoin oculaire des faits qu'il rapporte : « Les princes ayant partagé » à leurs troupes les différens quartiers de la » ville, le marquis de Montferrat alla attaquer » le palais *Bucoléon*. Ceux qui en avoient la » garde, ou qui s'y étoient réfugiés, se rendirent » aussitôt, à condition qu'ils auroient la vie » sauve. Pendant ce temps-là, Henri, frère de

(1) *Hist. de l'Église Gall.* ibid. — *Hist. des Croisades*, par M. Michaud, tom. III, liv. II, année 1204, pag. 275. — *Hist. de l'empire de C. P.* par Ducange, pag. 319.

(2) Voyez la *Collection des Mémoires* publiés par M. Petitot, tom. I, pag. 55, 274, etc. — *Hist. des Croisades*, par M. Michaud, liv. XI, tom. III, pag. 254, etc.

» Baudouin, s'emparoit du palais de Blaquer-
» nes...... *On mit des gardes dans ces deux*
» *palais.* L'armée se répandit ensuite dans la
» ville (1) ». Il est à regretter que la plupart[3]
des historiens modernes, entre autres Fleury,
Bérault-Bercastel, et les auteurs de l'*Histoire
de l'Église Gallicane,* aient omis ces détails si
importans pour établir l'authenticité des précieuses Reliques envoyées à nos rois par les
empereurs latins de Constantinople.

TROISIÈME QUESTION.

Qu'est devenu en particulier le Titre de la Croix depuis sa découverte
en 326 (2)?

C'étoit l'usage, parmi les anciens, d'inscrire
sur une pétite tablette le nom et le crime de
ceux qu'on avoit condamnés à mort. Cette ta-

(1) *Hist. du Bas-Empire, ubi suprà,* pag. 512 et 513.

(2) On peut consulter, sur cette matière, *les Vies des Saints*
de Baillet, *Fêtes mobiles, Vendredi-saint,* art. VII. — *Réflexions
sur l'usage et sur les règles de la critique,* par le P. Honoré de
Sainte-Marie, tom. III, liv. V, dissert. IV; première partie,
art. I. — Bened. XIV, *de Festis,* lib. I, cap. VII, n. 67, etc.
Ejusdem *de Canoniz. sanctorum,* lib. IV, part. II; cap. XXXI,
n. 16; necnon Appendice III ad eamdem partem. —Sandini,
Hist. Familiæ sacræ, primâ parte, cap. XIII, n. 16; cap. XV,
n. 11. — *Titulus S. Crucis,* seu *Historia et mysterium Tituli
S. Crucis,* auctore Honor. Nicqueto, e societate Jesu: Parisiis,
1648, in-8°. — Gretser, *de Cruce,* tom. I, lib. I; cap. XXVII,
XXVIII, XXIX, XCIV. — Bosius, *de Cruce,* lib. I, cap. XI.

blette s'appeloit en latin *titulus*, d'où est venu
le mot grec τιτλος ; elle s'appeloit aussi en grec
λευκωμα, à cause de la couleur blanche dont elle
étoit ordinairement enduite, et sur laquelle on
écrivoit l'inscription en lettres rouges. Les historiens ecclésiastiques, ainsi que les profanes,
nous apprennent qu'on faisoit porter cette tablette devant le coupable, lorsqu'on le condui-
soit au supplice (1).

Cette marque d'ignominie ne manqua pas
à la Passion du Sauveur ; car nous lisons dans
l'Évangile, que Pilate fit attacher à sa croix
une inscription conçue en ces termes : *Jésus de
Nazareth, roi des Juifs*. Cette inscription étoit
écrite en trois langues, en hébreu, en grec et
en latin, afin qu'elle pût être lue des Juifs, des
Grecs et des Romains qui se trouvoient alors à
Jérusalem.

On a vu plus haut (2) que le Titre de la Croix,
ayant été enterré avec elle, fut découvert par
sainte Hélène en 326, mais séparé de la Croix,
comme le marque expressément l'historien Sozomène. « Tout auprès du lieu de la résurrec-
» tion, dit cet auteur, on trouva trois croix, et
» séparément un autre morceau de bois, en

____

(1) Sueton. *in Caligula*, cap. xxxviii. — Dion. *Hist* lib. LIV.
— Euseb. *Hist.* lib. V, cap. i.

(2) Art. I, première question, pag. 7.

» forme de tablette, portant une inscription en
» lettres hébraïques, grecques et latines. Cette
» inscription étoit ainsi conçue : *Jésus de Na-*
» *zareth, roi des Juifs* (1). »

Quelque temps après cette découverte, le
Titre de la Croix fut porté ou envoyé à Rome par
sainte Hélène, et placé dans *l'église de Sainte-*
Croix de Jérusalem, qui fut bâtie vers cette
époque, en l'honneur de la Croix de notre Seigneur. Mais soit qu'on ait dès-lors enfermé ce
pieux monument dans la voûte de l'église, soit
qu'il n'y ait été enfermé que sous l'empereur
Valentinien III, vers l'an 427, comme l'ont cru
quelques savans (2), il est certain qu'il resta caché pendant mille ans environ, et qu'il fut de
nouveau découvert sous le Pape Innocent VIII,
en 1492, comme le rapporte le Pape Alexandre VI, dans la bulle qu'il donna le 25 juillet
1496, pour constater l'authenticité de cette précieuse relique. « Le dernier jour de janvier de

(1) Sozom. *Hist.* lib. II, cap. 1.

(2) Le P. Nicquet (lib. I, cap. XXVI) conjecture avec beaucoup de vraisemblance que le *Titre de la Croix* fut ainsi caché, aussi bien que d'autres Reliques, par la crainte des
Barbares, qui menacèrent si souvent la capitale de l'Empire
romain depuis le pillage de cette ville par Alaric en 410. On
sait en particulier combien les Goths et les Huns donnèrent
d'inquiétude aux Romains sous l'empereur Valentinien III.
(*Hist. du Bas-Empire,* tom. VII, liv. XXXI, n. 11, etc.)

» l'année 1492, dit ce pontife, Pierre (Gonsalve
» de Mendoza), cardinal du titre de Sainte-
» Croix de Jérusalem, faisant réparer et embel-
» lir cette église, on trouva, dans la plus haute
» partie de la voûte, l'inscription en lettres hé-
» braïques, grecques et latines, qui fut placée
» au-dessus de la tête du Sauveur attaché à la
» Croix. » En mémoire de cette découverte, le
même pontife accorde, à perpétuité, une indul-
gence plénière à tous les fidèles de l'un et de
l'autre sexe, qui, étant vraiment pénitens, et
ayant confessé leurs péchés, visiteront l'église
de Sainte-Croix de Jérusalem, le dernier dimanche de janvier.

Plusieurs auteurs contemporains viennent à
l'appui de ce témoignage d'Alexandre VI. Lélius
Petronius, en particulier, dans un journal des
évènemens de cette époque, fait une relation
encore plus détaillée de la même découverte.
« Le premier du mois de février de l'an 1492,
» dit cet auteur (1), Gonsalve de Mendoza, car-
» dinal de Sainte-Croix, faisant réparer cette
» église, les ouvriers découvrirent, au haut de
» l'arcade du milieu, une petite armoire ren-
» fermant une caisse de plomb bien fermée.
» Au-dessus de cette caisse, il y avoit une pierre

____

(1) Lel. Petronius, apud Bosium, *de Cruce*, lib. 1, cap. 11.

» de marbre, de figure carrée, sur laquelle
» étoient écrites ces paroles : *Hic est Titulus*
» *veræ Crucis*. Dans cette cassette, qui avoit
» deux palmes de long, on trouva une petite
» tablette, de la longueur d'un palme et demi,
» sur laquelle on avoit gravé, et ensuite teint
» de rouge, ces paroles : *Jesus Nazarenus Rex*
» *Judæorum*. Il est vrai, ajoute ce témoin ocu-
» laire, que le mot *Judæorum* n'étoit pas en-
» tier, parce que, de cette syllabe *rum*, il ne
» restoit que la lettre *r*; la syllabe *um* n'y étoit
» plus, parce que cette extrémité avoit été ron-
» gée et détruite par le temps. *Sed illud* Ju-
» DÆORUM *non erat perfectum, quia illud* RUM,
» *nonnisi usque ad* R *inclusivè remanserat; et*
» *illud* UM, *ceciderat, quia erat tabula ab ea*
» *parte corrosa, et vetustate deficit.* »

Cette relation nous apprend qu'à l'époque où
l'on trouva le Titre de la Croix, sa longueur
étoit d'un palme et demi, c'est-à-dire, d'environ
un pied et cinq lignes (1), et que les lettres
étoient colorées de rouge, selon l'usage des
anciens, qui employoient ordinairement cette
couleur dans les inscriptions.

En 1564, on visita de nouveau ce précieux
monument, et l'on trouva qu'il étoit encore

______

(1) Le palme romain est de huit pouces trois lignes et demie.

Titre de la Croix de N. S. Jésus-Christ, conservé à Rome dans l'Église de Sainte-Croix de Jérusalem.

diminué du côté où étoit le mot *Judæorum*.
Enfin, en 1648, on remarqua que le côté droit
où étoit le mot *Jesus*, étoit aussi emporté, en
sorte qu'il ne restoit plus que le milieu de l'inscription *Nazarenus Re*. C'est ainsi que le Titre
de la Croix est représenté dans plusieurs gravures du dix-septième siècle (1), et dans les copies plus récentes qu'on en a publiées. Celle
qu'on voit ici est exactement conforme à toutes
les anciennes, et représente fidèlement le *Ti-*
tre de la Croix, tel qu'on le voit aujourd'hui
à Rome, dans l'église de Sainte-Croix de Jérusalem.

Un habile antiquaire, qui a fait, pendant la
révolution, le voyage de Rome, et qui a soigneusement observé le pieux monument dont
nous parlons, nous assure que la couleur blanche du titre, aussi bien que la couleur rouge
des lettres, ont entièrement disparu, mais que
la couleur rouge a fait place, comme il arrive
d'ordinaire, à une espèce de couleur de plomb.
Il ajoute que le bois, quoique noirci par le
temps, paroît avoir beaucoup de ressemblance
avec celui de la vraie Croix de la *Sainte-Cha-*
pelle de Paris.

Ce qu'il y a de plus singulier dans cette in-

(1) Voyez en particulier l'ouvrage déjà cité du P. Nicquet,
lib. I, cap. xxv; et celui de Bosius : *ubi suprà*.

scription, c'est la disposition des lettres grecques et latines, qui ne sont pas écrites de gauche
à droite, selon l'usage ordinaire, mais de droite
à gauche, à la manière des Hébreux. Cette sin-
gularité peut s'expliquer, en supposant que l'inscription fut peinte par un Juif accoutumé à
écrire de cette manière, ou par un Romain qui
aura voulu se conformer à l'usage des Juifs, à
qui cette inscription étoit principalement des-
tinée. Peut-être aussi le peintre de l'inscription,
quel qu'il fût, aura-t-il trouvé convenable de
placer exactement, les uns au-dessous des autres, les mots qui se correspondoient dans les
trois langues, ce qu'il n'a pu faire qu'en écri-
vant les mots grecs et les latins de droite à
gauche, à la manière des Hébreux. Au reste, il
est vraisemblable, comme l'ont remarqué plusieurs savans (1), que l'inscription a été peinte
par différentes mains, c'est-à-dire, les lettres
latines par un Romain, et les autres par un Juif.
Il suffit en effet d'examiner attentivement cette
inscription, pour voir que les lettres latines y
sont bien formées, tandis que les lettres grecques, même celles qui ont quelque rapport avec
les latines, y sont tracées péniblement, et d'une
manière fort irrégulière, qui annonce l'embar-

____

(1) Voyez en particulier l'ouvrage du P. Nicquet, lib. I,
cap. XII.

ras de l'écrivain. Quant aux lettres hébraïques, elles sont aujourd'hui tellement usées, qu'il en reste seulement quelques traits tout-à-fait insuffisans pour faire connoître la forme précise des caractères hébreux qu'on voyoit autrefois. Cependant les foibles vestiges qui en restent semblent annoncer des caractères syriaques, alors en usage parmi les Juifs de Palestine (1).

(1) On a fait, contre l'authenticité du *Titre de la Croix*, quelques difficultés de critique, dont il ne sera pas inutile de parler ici en peu de mots. On a trouvé étonnant, 1° que l'ε fût substitué à l'η dans le mot Ναζαρινος; 2° que ce mot eût la forme de l'accusatif pluriel, au lieu de celle du nominatif singulier; 3° que l'abbréviation ϒ fût employée dans un monument si ancien.

Le P. Nicquet, dans son ouvrage sur le *Titre de la Croix*, (lib. I, cap. xvi) a soigneusement examiné les deux premières difficultés, qui nous paroissant tout-à-fait détruites par ses réponses. Il remarque sur la première, qu'on trouve plusieurs exemples très-anciens du changement de l'η en ε, surtout dans les inscriptions. Ainsi l'on dit Αθινα pour Αθηνα, μιτρι pour μητρι, ιμιρα pour ημιρα, etc. Le P. Montfaucon, dans sa *Paléographie grecque*, (pag. 127) et Gretser, dans son traité *de la Prononciation de la langue grecque*, (cap. vi, Oper. tom. XVI) viennent à l'appui de cette doctrine.

Le P. Nicquet oppose à la seconde difficulté deux observations également plausibles. D'abord il est constant que la diphtongue ευ étoit quelquefois employée par les anciens Grecs pour l'ο. C'est ce qu'on voit en particulier par une inscription gravée sur le tombeau du rhéteur Thrasymaque, et dans laquelle on lit Θρασυμαχους pour Θρασυμαχος. Cette inscription est rapportée par Athénée, auteur grec du deuxième

Cette histoire abrégée du *Titre de la Croix* peut servir à corriger quelques assertions de Baillet, qui, sur cet article comme sur plusieurs

siècle, qui l'avoit tirée d'un ancien recueil d'inscriptions, composé par Neoptolème. (Athénée, *Dipnosoph.* lib. X, p. 454.) Gretser (*ubi suprà*) n'est pas moins favorable à la doctrine du P. Nicquet sur ce second point que sur le premier.

Ce dernier auteur propose, pour résoudre les deux premières difficultés, une autre hypothèse qui semble très-plausible, ou du moins qu'on ne sauroit combattre par aucun argument positif. Plusieurs monumens authentiques prouvent que les anciens Romains donnoient à la voyelle *u* le son de la diphtongue *ou*, en sorte que le mot *Nazarenus*, par exemple, se prononçoit autrefois *Nazarenous*. Cela posé, n'est-il pas possible que le mot grec Ναζαρηνυς ait été écrit sur le titre de la Croix par un Juif ou Romain peu familiarisés avec la langue grecque, et qui auront tout simplement prétendu exprimer en lettres grecques le mot *Nazarenus*, tel qu'ils l'entendoient habituellement prononcer par les Romains? On conçoit parfaitement que, dans cette supposition, le changement de l'η en ι, et de l'ο en υ, dans le mot Ναζαρηνυς, ne fait plus aucune difficulté. Cette supposition d'ailleurs n'a rien que de très-plausible; car la forme pénible et irrégulière des caractères grecs du mot Ναζαρηνυς, dans le Titre de la Croix, montre qu'ils ont été tracés par un homme fort ignorant en grec; et il est naturel de penser que le soin de faire l'inscription dont il s'agit fut laissé aux Juifs et aux soldats romains chargés d'exécuter la sentence de Pilate contre Jésus-Christ.

Quant à la troisième difficulté, nous ne connoissons aucun auteur qui en ait parlé; mais nous savons qu'elle a été proposée de nos jours par quelques savans. Il suffit, pour la résoudre, de remarquer que l'origine de l'abbréviation υ ne sauroit être exactement déterminée. Le P. Montfaucon, dans la *Préface* de sa *Paléographie grecque*, (n. IX) cite plusieurs

autres, doit être lu avec beaucoup de précaution (1). 1° Il attribue à Sozomène d'avoir dit qu'au moment où sainte Hélène découvrit le

médailles du troisième siècle où cette abbréviation est employée, et rien n'empêche de croire qu'elle l'ait été long-temps avant le troisième siècle. Le P. Montfaucon avoit vu de ses propres yeux les médailles dont nous parlons, dans le cabinet de M. Foucault, célèbre au commencement du dix-huitième siècle par son goût pour les antiquités.

Il résulte clairement de ces observations, que l'authenticité du Titre de la Croix ne peut être solidement attaquée par les difficultés de critique dont nous venons de parler. Telle est en effet l'opinion du célèbre antiquaire que nous avons cité plus haut, et dont l'autorité est d'autant plus grande sur ce point, que l'*Académie des Inscriptions et Belles-Lettres* le regarde à juste titre comme un de ses membres les plus distingués. Appuyés sur un témoignage si respectable, nous ne craindrons pas d'ajouter qu'on pourroit encore aller plus loin, et montrer que le *Titre de la Croix*, tel qu'il existe aujourd'hui, porte avec lui des preuves intrinsèques de son authenticité. Comment supposer en effet qu'un faussaire eût été assez maladroit pour fabriquer après coup ce titre, tel que nous l'avons aujourd'hui, c'est-à-dire, pour substituer, *contre l'usage ordinaire*, l'ε à l'η, et la diphtongue ευ à l'ο, dans le mot Ναζαρηνος, et surtout pour substituer le mot Ναζαρηνος au mot Ναζωραιος employé par saint Jean, le seul des évangélistes qui rapporte l'inscription entière? L'invraisemblance de ces suppositions éloigne naturellement, à ce qu'il nous semble, tous les soupçons qu'on pourroit former contre l'authenticité du Titre de la Croix, établie d'ailleurs, comme on l'a vu, par des témoignages et par des monumens si respectables.

(1) Il ne sera peut-être pas inutile de remarquer que le continuateur de Fleury adopte aveuglément les assertions de Baillet sur ce point. *Hist. ecclés.* liv. cxvij, n. 26.

Titre de la Croix, les *lettres en étoient toutes rongées* (1). Sozomène ne dit rien de semblable; son témoignage, sur cette matière, se réduit aux paroles que nous avons citées plus haut. 2° Selon Baillet, *c'est sans autorité que l'on a écrit, dans ces derniers siècles, qu'après la première découverte du Titre de la Croix, on le mit dans l'église de Sainte-Croix de Jérusalem, et qu'il y demeura caché jusqu'en* 1492. Assurément ce n'est pas *sans autorité qu'on écrit* un fait de cette nature, quand il est appuyé sur des témoignages et des monumens semblables à ceux que nous avons cités plus haut. 3° *On ne sait pas*, ajoute Baillet, *si la planche de l'écriteau étoit entière* lorsqu'on la trouva. Il est certain qu'elle ne l'étoit pas, et que les deux dernières lettres du mot *Judæorum* étoient déjà emportées, selon la relation déjà citée de Lélius Petronius.

On doit conclure aussi de la narration précédente, que les églises particulières où l'on croit avoir le *Titre de la Croix*, n'ont vraisemblablement que de simples imitations du véritable Titre, ou des fragmens qui en ont été détachés. Rien n'empêche en effet de supposer que, pour satisfaire la pieuse dévotion des fidèles, on a

(1) Nous sommes étonnés de retrouver cette assertion de Baillet dans l'*Hist. de sainte Hélène*, par Tillemont, (pag. 9) écrivain d'ailleurs si exact.

détaché, à diverses reprises, quelques fragmens du véritable Titre, soit à l'époque de sa première découverte, sous Constantin, soit depuis la seconde découverte en 1492.

C'est donc sans fondement que Baillet élève des doutes sur l'authenticité du Titre conservé à Rome, sous prétexte que d'autres églises croient posséder de semblables reliques *avant la découverte de celle de Rome;* car, 1° en admettant cette dernière supposition, il resteroit à examiner si les églises dont il s'agit prétendent posséder le *véritable Titre* de la Croix, ou seulement quelque fragment, ou même une simple imitation de ce Titre. 2° Baillet suppose, sans aucun fondement, que d'autres églises prétendent posséder le Titre de la Croix, *avant la découverte de celui de Rome.* Cette supposition n'est appuyée d'aucune preuve, et elle est contredite par les auteurs qui ont le mieux traité cette matière (1). Baillet, il est vrai, cite la ville de Toulouse comme ayant un titre de la Croix *qu'elle rapporte à une autre origine que celui de Rome.* « Mais il avance tout cela sans aucun fonde- » ment. Nous savons certainement et de source, » dit le P. Honoré de Sainte-Marie, que l'église » de Notre-Dame de la Daurade (à Toulouse),

____

(1) Voyez en particulier le P. Honoré de Sainte-Marie, *ubi suprà,* §. II.

» avoue n'avoir aucun monument de l'origine,
» ni du temps, ni de la manière que le *Titre de*
» *la Croix* qu'elle possède a été apporté dans
» cette église. Elle n'en a d'autre preuve que la
» tradition. Mais si cette tradition est ancienne
» ou non, et sur quel fondement elle est établie,
» c'est ce qu'on ne sait pas, et c'est ce qu'on ne
» peut savoir aujourd'hui..... Ainsi, jusqu'à ce
» qu'on produise d'autres preuves pour combat-
» tre la tradition qui donne à l'*église de Sainte-*
» *Croix* à Rome la possession du véritable Titre
» de la Croix, les critiques, qui prétendent ravir
» ce précieux dépôt à la capitale de la chrétienté,
» ne doivent pas attendre qu'on les écoute, ni
» qu'on abandonne une tradition qui paroît
» hors d'atteinte, suivant les lois de la critique
» la plus sévère... Je ne doute pas néanmoins,
» ajoute le judicieux auteur, que le Titre de la
» Croix qu'on montre à Toulouse, ne soit digne
» de vénération ; car on doit présumer qu'on y
» a mis quelque fragment du véritable Titre
» qui est à Rome, et que celui-là est une repré-
» sentation de celui-ci. Les miracles que Dieu a
» opérés par ce Titre justifient assez que la piété
» des fidèles n'est pas trompée, puisque leur
» culte a pour objet le véritable Titre de la Croix,
» dont celui-ci contient quelque fragment, et
» offre la représentation. » On peut confirmer

ce témoignage par celui des savans éditeurs du *Gallia Christiana,* qui, dans le dernier tome de cet ouvrage, publié en 1785, disent que l'église de la Daurade croit posséder seulement *une partie du Titre de la Croix* (1). Au reste, nous ignorons ce qu'est devenue cette précieuse Relique depuis la révolution. Les démarches que nous avons faites pour obtenir de Toulouse même quelques renseignemens sur ce point, ont été jusqu'à présent inutiles.

QUATRIÈME QUESTION.

Quelle est l'origine des portions considérables de la Croix de Jésus-Christ qui se conservent aujourd'hui dans le trésor de l'église métropolitaine de Paris?

L'église métropolitaine de Paris possède aujourd'hui plusieurs portions différentes de la vraie Croix, dont nous examinerons successivement l'origine dans les trois paragraphes suivans. Nous parlerons, 1° des trois Croix provenant de l'ancienne *Croix d'Anseau;* 2° d'un morceau considérable de la *Croix de la Sainte-Chapelle;* 3° de la *Croix de la princesse Palatine.* On verra que l'authenticité de ces différentes portions de la vraie Croix repose sur les témoignages les plus respectables et les plus dignes de foi.

(1) *Gallia Christiana,* tom. XIII, pag. 102.

§ 1ᵉʳ. — Des trois Croix provenant de celle d'Anseau.

L'ancienne *Croix d'Anseau* étoit ainsi nommée, parce qu'elle avoit été envoyée en 1109 à l'évêque et au chapitre de Paris, par un ancien chanoine de cette église, nommé *Anselle* ou *Anseau*, alors grand-chantre de l'église du Saint-Sépulcre de Jérusalem. Anseau lui-même, dans les lettres qu'il écrivit à Galon, évêque de Paris, et à son chapitre, en leur envoyant cette précieuse Relique (1), nous apprend qu'il la tenoit immédiatement de la supérieure des religieuses Géorgiennes de Jérusalem, qui, avant de venir habiter cette ville, avoit été mariée à David, roi de Géorgie. Cette pieuse reine, en quittant sa patrie après la mort de son époux, avoit emporté avec elle une partie de ses trésors, et spécialement la portion de la vraie Croix dont il s'agit ici, et qui provenoit, comme on l'a vu plus haut (2), de la partie du bois sacré que sainte Hélène avoit laissée à Jérusalem.

Anseau envoya donc à l'évêque et au chapitre de Paris ce riche présent, par un clerc de cette

(1) On trouve dans le *Gallia Christiana* (tom. VII, *Pièces justif.* pag. 44) deux lettres d'Anseau à ce sujet. Nous les avons placées au n. II des *Pièces justific.* à la suite de cette *Notice*.

(2) Voyez ci-dessus, pag. 28.

église, nommé Anselme. Celui-ci, étant arrivé à Fontenai, près Bagneux, fit avertir de son arrivée l'évêque et les chanoines, qui se rendirent auprès de lui, et portèrent solennellement la sainte Relique dans l'église de Saint-Cloud, où ils la déposèrent le vendredi 30 juillet 1109. De là ils la transportèrent, avec beaucoup de pompe, le dimanche suivant, dans l'église cathédrale. Les évêques de Meaux et de Senlis, avec les processions des paroisses voisines, assistèrent à cette translation, dont l'église de Paris célèbre encore aujourd'hui la mémoire, le premier dimanche d'août, jour de la *Susception de sainte Croix* (1).

Depuis cette translation, la *Croix d'Anseau* a toujours été précieusement conservée dans le trésor de l'église métropolitaine, jusqu'au temps de la révolution. « L'ancien reliquaire, » dit M. Gilbert, dans sa *Description historique* » *de la basilique métropolitaine de Paris* (2), » étoit une Croix en vermeil, enrichie, dans » toute sa longueur, de perles, de diamans, » d'émeraudes, de rubis et de saphirs orien- » taux. »

____

(1) Nous tirons ces détails des leçons du IIe Nocturne de cette fête. Voyez aussi le *Gallia Christ.* tom. VII, pag. 56; et l'*Hist. de l'église de Paris, ubi suprà.*

(2) *Descript. histor.* pag. 340.

En examinant de près la sainte Relique, on y remarquoit une Croix de bois blanc, incrustée dans une plus grande de bois noir assez semblable à de l'ébène (1). Ce mélange pourroit paroître singulier, et même difficile à expliquer, si l'on n'en trouvoit la raison dans plusieurs anciens auteurs, et en particulier dans la première lettre d'Anseau à l'évêque et au chapitre de Paris. « Nous avons appris, dit-il, dans les écrits » des Grecs et des Syriens, que la Croix de » Jésus-Christ se composoit de quatre sortes de » bois, l'un sur lequel Pilate écrivit le *Titre*, » l'autre contre lequel les bras du Sauveur furent » rent étendus et ses mains clouées, le troisième » auquel son corps fut suspendu, et le quatrième » trième dans lequel la Croix fut plantée (2). » Ce dernier fut teint et sanctifié par le sang » qui découla du sacré côté et des pieds de » Jésus-Christ. La Croix que je vous envoie se » compose de deux sortes de bois. Vous y verrez » rez une petite Croix incrustée dans une plus » grande : la première est du bois auquel notre » Seigneur a été suspendu, la seconde du bois

---

(1) On remarque un semblable mélange dans la *Croix Palatine,* dont nous parlerons bientôt.

(2) Anseau parle vraisemblablement ici des pieux qui servoient à fixer le pied de la croix, et à la tenir droite dans sa fosse.

« dans lequel sa croix fut plantée (1). » Ce témoignage d'Anseau est conforme à celui de
quelques auteurs beaucoup plus anciens (2), qui
supposent, comme une chose constante, que la
Croix de Jésus-Christ se composoit de plusieurs
sortes de bois. C'est ce qu'on lit en particulier
dans l'*Explication de l'ouvrage des six jours*,
par Anastase le Sinaïte, qui écrivoit au milieu
du sixième siècle (3), c'est-à-dire, dans un temps
assez peu éloigné de celui où l'on avoit découvert la sainte Croix, dans le pays même où cette
découverte avoit eu lieu, et où il avoit eu la
facilité d'examiner à loisir une partie très-con-
sidérable du bois sacré. Cet auteur dit expressément que « Jésus-Christ s'est couché et s'est
» endormi sur une Croix composée du bois de
» *trois sortes* d'arbres. » On trouve la même
chose dans une *Homélie sur l'adoration de la
Croix*, placée parmi les *OEuvres de saint Jean-
Chrysostôme* (4), et dans un recueil d'opus-
cules insérés parmi les *OEuvres du vénérable*

____

(1) *Gallia Christ. ubi suprà*, *Pièces justif.* pag. 45. — N. II des
Pièces placées à la suite de cette *Notice*.

(2) On trouve ces témoignages réunis dans Gretser, *de Cruce*,
lib. I, cap. v.

(3) *Anast. Sin.* in *Hexaëmeron*, lib. V; apud *Biblioth. Patr.*
tom. IX, pag. 879.

(4) S. Chrysost. Op. tom. III, *inter spuria*, pag. 823.

Bède (1). Nous n'ignorons pas que l'authenticité de ces deux derniers témoignages est contestée ; mais il est du moins certain qu'ils sont fort anciens, et d'une époque assez voisine de celle où vivoient les auteurs auxquels ces écrits ont été long-temps attribués.

Faute d'avoir connu ce témoignage, et principalement ceux d'*Anseau* et d'*Anastase le Sinaïte*, quelques savans (2) ont avancé, du moins

(1) Beda, in *Collectaneis.* Oper. tom. III, pag. 495, édit. Colon. 1612. On doit remarquer que tous les auteurs que nous venons de citer s'accordent à supposer, comme une chose reconnue de leur temps, que la Croix de Jésus-Christ se composoit de plusieurs sortes de bois. Ils ne s'accordent pas également sur la nature des différens bois dont se composoit la croix du Sauveur ; soit qu'ils ne les eussent pas assez examinés, ou que la nature de ces différens bois soit assez difficile à déterminer à cause des altérations que le temps a dû leur faire subir. Il est également à remarquer que, parmi les auteurs dont il s'agit, les uns parlent de *quatre* sortes de bois, et les autres de *trois.* Ces derniers auteurs ne parlent sans doute que de la Croix proprement dite, c'est-à-dire, séparée du *Titre.*

(2) Voyez entre autres Juste Lipse, *de Cruce,* lib. III, cap. XIII. — *Sandini, Hist. sacræ Famil.* part. 1, cap. XV, n. 9. — Serry, *Exercit. hist. de Christo.* Exercit. LV, n. 1. Les témoignages que nous avons cités montrent combien ce dernier auteur est peu fondé à prétendre que l'opinion qui suppose différentes espèces de bois dans la Croix de notre Seigneur, a été *imaginée dans ces derniers temps,* et qu'elle n'a d'autre fondement que le texte attribué au vénérable Bede.

comme une chose assez vraisemblable, que la Croix de Jésus-Christ se composoit d'un seul bois, qui étoit le chêne. Il résulte clairement des témoignages que nous avons cités, non-seulement que l'opinion de ces auteurs est tout-à-fait gratuite, mais qu'elle est combattue par des autorités d'un très-grand poids, comme Gretser l'a démontré avant nous dans son savant ouvrage *sur la Croix de Jésus-Christ* (1).

En 1793, lorsque la municipalité de Paris eut fait enlever les objets précieux qui se conservoient dans le trésor de l'église métropolitaine, M. Guyot de Sainte-Hélène, alors *commissaire de la section de la Cité*, obtint du *comité révolutionnaire* la permission de garder la *Croix d'Anseau*, qu'il partagea avec M. l'abbé Duflost, gardien du trésor de Notre-Dame. De la partie qu'il s'étoit réservée, M. Guyot de Sainte-Hélène forma depuis quatre Croix différentes, dont trois seulement ont été rendues jusqu'ici à l'église métropolitaine. Avant cette restitution, M. Guyot de Sainte-Hélène eut la précaution de faire reconnoître les débris de l'ancienne Croix d'Anseau par plusieurs anciens chanoines et dignitaires de la métropole, et spécialement par un ancien trésorier du chapitre, qui avoit une

____

(1) Gretserus, *de Cruce :* tom. I, lib. I, cap. IV, V, VI.

connoissance exacte de la sainte Relique et de toutes les circonstances qui pouvoient servir à en attester la conservation. Ce ne fut qu'après ces précautions que Mgr le cardinal de Belloy, archevêque de Paris, reconnut lui-même, en 1803, l'authenticité des trois Croix rendues à la métropole, et permit de les exposer de nouveau à la vénération des fidèles. On trouvera, à la suite de cette *Notice* (n° III), les pièces authentiques d'où nous avons tiré ces détails. Les originaux de ces pièces sont jointes aux saintes Reliques, dont nous croyons devoir donner ici une description exacte.

La première des trois Croix dont nous venons de parler, a, dans sa plus grande longueur, dix-neuf lignes et demie, sur une largeur d'environ deux lignes et demie; sa traverse est d'environ douze lignes et demie; elle est enchâssée dans une Croix de vermeil, haute d'environ deux pieds, que le célébrant a coutume de porter à l'autel pour la messe des fêtes solennelles.

La seconde Croix a, dans sa plus grande longueur, environ deux pouces, sur une largeur de quatre lignes; et sa traverse est d'environ un pouce et demi. Elle est enchâssée dans une Croix de cuivre argenté, haute d'un pied et demi, que le célébrant a coutume de porter à l'autel pour la messe des simples dimanches et fêtes doubles.

La troisième Croix a, dans sa plus grande longueur, trente-deux lignes, sur une largeur de six lignes, et une ligne et demie d'épaisseur; sa traverse est de dix-huit lignes. Cette dernière Croix seule est d'un bois blanc, assez semblable à du sapin. Les deux autres sont d'un bois noir, de la couleur de l'ébène; cependant on y remarque aussi quelques parcelles du bois blanc qui étoit autrefois incrusté dans le bois noir. Pour consolider la vraie Croix de bois blanc, on l'a collée sur un morceau de bois commun qui a les mêmes dimensions, et on a enfermé le tout dans une monture de cuivre, attachée à une grande Croix de bois doré, dont on a coutume de se servir le Vendredi-saint, pour la cérémonie de l'*Adoration de la Croix*.

§ II. — *Du morceau de la vraie Croix provenant de la Sainte-Chapelle.*

Parmi les différentes portions de la vraie Croix qui se conservent aujourd'hui dans le trésor de l'église métropolitaine, la plus considérable provient de la riche collection des Reliques de la Passion de notre Seigneur, qu'on voyoit autrefois à la Sainte-Chapelle de Paris.

On a vu plus haut (1) que saint Louis avoit placé dans cette église, en 1241, plusieurs portions considérables de la vraie Croix, qui lui avoient été envoyées par Baudouin II, empereur de Constantinople. La principale portion se conservoit dans l'*Arche* ou la *grande Châsse* de la Sainte-Chapelle, avec les autres reliques de la Passion de Jésus-Christ, dont le même empereur avoit fait présent au saint roi. Toutefois celui-ci avoit donné aux chanoines de cette église une portion du bois sacré, pour être exposée en certains jours, et surtout le Vendredi-saint, à l'adoration des fidèles. Cette dernière portion ayant été volée en 1575, dans la sacristie de la Sainte-Chapelle, le roi Henri III fit ouvrir en sa présence la grande châsse, et en fit retirer une partie considérable de la vraie Croix, qu'il donna aux chanoines pour remplacer celle qui leur avoit été donnée par saint Louis. On l'enchâssa, l'année suivante, dans une Croix de vermeil de même grandeur et de même forme que l'ancienne, et dont on peut voir la description dans l'*Histoire de la Sainte-Chapelle*, par Morand (pag. 42 et 194).

A l'époque de la révolution, l'Assemblée Nationale ayant supprimé tous les chapitres, la

(1) Pag. 54. — Voyez aussi au n. 1 des *Pièces justificat.* la note 4 sur les *Lettres de l'empereur Baudouin II.*

municipalité de Paris fit mettre le scellé sur le trésor de la Sainte-Chapelle (1). Mais bientôt après, Louis XVI, voulant pourvoir à la conservation des saintes Reliques, donna ordre à M. Gilbert de la Chapelle, conseiller du Roi en ses conseils, de les retirer du trésor de la Sainte-Chapelle, et de les transporter provisoirement à l'abbaye de Saint-Denis. Cet ordre fut exécuté le 12 mars 1791, par M. de la Chapelle, et M. l'abbé de Fénelon, aumônier du Roi, en présence de M. le président de la chambre des comptes, de M. Lourdet, commissaire particulier de ladite chambre pour la Sainte-Chapelle de Paris, et du trésorier de la même église. Les commissaires de la municipalité de

(1) Nous tirons ces détails d'une notice manuscrite rédigée en 1806, par M. l'abbé Coterel (Jean-François-Georges), prêtre de la paroisse de saint Paul-saint-Louis, et ancien avocat au parlement de Paris, mort le 4 décembre 1808, à l'âge de 69 ans. Cette notice, qui se conserve aujourd'hui au secrétariat de l'archevêché, a pour objet de constater l'authenticité de quelques reliques de la Passion de notre Seigneur qui furent rendues à la métropole en 1804. M. l'abbé d'Astros, alors vicaire-général de Paris et depuis évêque de Bayonne, tira de cette notice les détails relatifs à la conservation de la sainte Couronne, qu'on lit dans l'ouvrage intitulé : *Cérémonies et Prières pour la translation de la sainte Couronne...... avec un Précis historique sur la sainte Couronne*. Paris, 1806, 46 pages in-12. Tous ces détails sont confirmés par le *procès-verbal de vérification de la sainte Couronne*, que nous donnerons à la suite de cette *Notice*, n. V.

Paris y furent aussi appelés, pour reconnoître et lever les scellés qu'ils y avoient mis. Au sortir de la Sainte-Chapelle, M. l'abbé de Fénelon et M. de la Chapelle allèrent au château des Tuileries, pour montrer les Reliques au Roi, qui avoit demandé à les voir; et le même jour ils les transportèrent et les déposèrent au trésor de l'abbaye de Saint-Denis, où elles demeurèrent jusqu'au lundi 11 novembre 1793 (21 brumaire an II). La nuit suivante, les saintes Reliques furent enlevées par la municipalité de Saint-Denis, et apportées à Paris, pour *en faire hommage à la Convention*, suivant l'expression du temps, comme d'*objets servant d'aliment à la superstition*. La Convention envoya les Reliques à son comité des inspecteurs de la salle, qui chargea un de ses membres, nommé *Sergent*, de les porter à l'hôtel des Monnoies. Là on brisa les reliquaires, qui, aux yeux d'un gouvernement impie, étoient la partie la plus précieuse des richesses enlevées aux églises; après quoi on fit porter les Reliques à la *commission temporaire des arts*, qui fut alors établie pour examiner les objets enlevés aux divers établissemens publics, et pour faire le discernement de ceux qui méritoient d'être conservés. Ce fut pendant cet examen que M. Jean Bonvoisin, peintre, membre de la commission, eut le bonheur de sauver, en grande partie, la portion de la vraie Croix qu'on avoit coutume d'exposer, en certains jours, à l'adoration des fidèles, dans l'église de la Sainte-Chapelle. Comme on paroissoit faire très-peu de cas de ces objets sacrés, dépouillés de leurs riches ornemens, M. Bonvoisin eut la liberté de prendre, sur la table où ils étoient rassemblés, la précieuse Relique dont nous parlons. Il s'empressa de la porter à sa mère, qui étoit une dame recommandable par sa piété, et qui, après l'avoir conservée religieusement pendant la révolution, se fit un devoir de la remettre, en 1804, au chapitre de Paris. M. Bonvoisin et sa pieuse mère attestèrent depuis, avec serment, chacun pour ce qui les concernoit, la vérité des faits que nous venons de rapporter. D'après cette déclaration, qui eut lieu le 13 avril 1808, Mgr le cardinal de Belloy, alors archevêque de Paris, fit enfermer, avec toutes les précautions convenables, cette précieuse portion de la vraie Croix dans le reliquaire de cristal où on la voit aujourd'hui. Ce reliquaire a huit pouces et demi de long, sur un pouce et demi de large. Il est à quatre faces, et monté dans une garniture de vermeil qui en couvre les angles et les extrémités. Il est rempli tout entier par la sainte Relique, dont une des extrémités est encore échancrée, parce qu'il fallut la scier pour en ôter l'or qui la couvroit autrefois (1). La couleur du bois est d'un brun pâle avec quelques nuances rougeâtres, et paroît annoncer un vieux bois de cèdre. Mais il seroit difficile de déterminer avec assurance la nature de ce bois, que l'action du temps a nécessairement exposé à de grandes altérations.

§ III. — *De la Croix de la princesse Palatine.*

Cette Croix est ainsi appelée parce qu'elle a autrefois appartenu à Anne de Gonzague de Clèves, princesse Palatine (2), qui la laissa par testament à l'église de l'abbaye de Saint-Germain-des-Prés, à Paris. Voici ce qu'on lit à ce sujet dans l'*Histoire de* cette *Abbaye*, publiée en 1724, par dom Bouillart. « L'église de l'Ab-
» baye fut enrichie, en 1684, de plusieurs Re-
» liques très-considérables, que Mme Anne de
» Gonzague de Clèves, princesse de Mantoue et
» de Montferrat, veuve du prince Édouard de
» Bavière, prince Palatin du Rhin, lui avoit lais-

(1) Voyez au n. IV des *Pièces justif.* les actes qui établissent l'authenticité de cette précieuse Relique.

(2) Cette princesse est la même dont Bossuet prononça l'oraison funèbre en 1685. On trouve dans quelques éditions des *Oraisons funèbres* de l'illustre prélat, une notice intéressante sur la princesse Palatine. Voyez en particulier l'édition de 1774, in-12.

» sées par son testament, en date du huitième
» juin 1683, dont voici le contenu » : *Je donne
le Clou de notre Seigneur, avec tous les papiers qui en autorisent la vérité et la permission de l'adorer, aux pères Bénédictins de
l'abbaye de Saint-Germain-des-Prés* (1). *Je
leur donne encore ma Croix de pierreries avec
la sainte vraie Croix* QUE J'ATTESTE AVOIR VUE
DANS LES FLAMMES SANS BRULER. *Cette Croix est
double comme celle de Jérusalem, et il y a
une double Croix d'or avec des gravures de
lettres grecques. Je leur donne encore le sang
miraculeux que j'ai eu du feu duc d'Hanover* (2). *Je donne encore à l'abbaye de Saint-
Germain les Reliques que j'ai de saint Casimir,
de saint Stanislas et de sainte Fare, fort as-
surées, avec des Reliques qu'on dit être de
saint Placide, qui viennent de Pologne, et sont
dans de petites châsses d'argent.*

« Toutes ces Reliques, et les lettres authen-
» tiques qui en prouvent la vérité, avoient été
» examinées, en 1673, par le sieur Benjamin,
» grand-vicaire du diocèse de Paris, chargé de
» cette commission par M. de Harlai, arche-

(1) Voyez dans le IIIe Article de cette *Notice*, quelques détails sur le *saint Clou* dont il est ici question.

(2) Voyez au n. I des *Pièces justif.* la deuxième note sur les
Lettres de l'empereur Baudouin II.

68 DU BOIS SACRÉ

» vêque de Paris. Nonobstant cela, dom Claude
» Bretagne, prieur de l'Abbaye, fut encore dé-
» légué par le même archevêque, pour pro-
» céder à une seconde vérification, qu'il fit le
» 22 septembre de la présente année 1684 (1).
» Les exécuteurs testamentaires lui remirent
» les Reliques entre les mains; et après les
» avoir examinées, dom Jean Barré les reçut
» au nom des religieux de Saint-Germain, qui
» l'avoient chargé de leur procuration. On lui
» donna aussi le *procès-verbal* du sieur Benja-
» min, où il est fait mention des mêmes Re-
» liques et des papiers qui en certifient la vé-
» rité.

» Ce qu'il y a de plus remarquable dans la
» Croix dont nous venons de parler, c'est une
» inscription grecque qui se lit dans le revers,
» laquelle est composée de deux vers iambi-
» ques, dont le premier et la moitié du second
» sont sur la ligne droite, et l'autre moitié sur
» le travers du grand croisillon. Sur le petit,
» il y a, d'un côté, Ἰησῦς, c'est-à-dire, *Jésus*,
» et de l'autre, Χριστὸς, c'est-à-dire, *Christus*.

(1) Nous aurions bien désiré nous procurer les pièces rela-
tives à ces différentes vérifications, ainsi que les papiers plus
anciens dont la princesse fait mention dans son testament;
mais les recherches qui ont été faites jusqu'ici pour cet objet
à la *Bibliothèque du Roi* et aux *Archives du royaume* ont été
inutiles

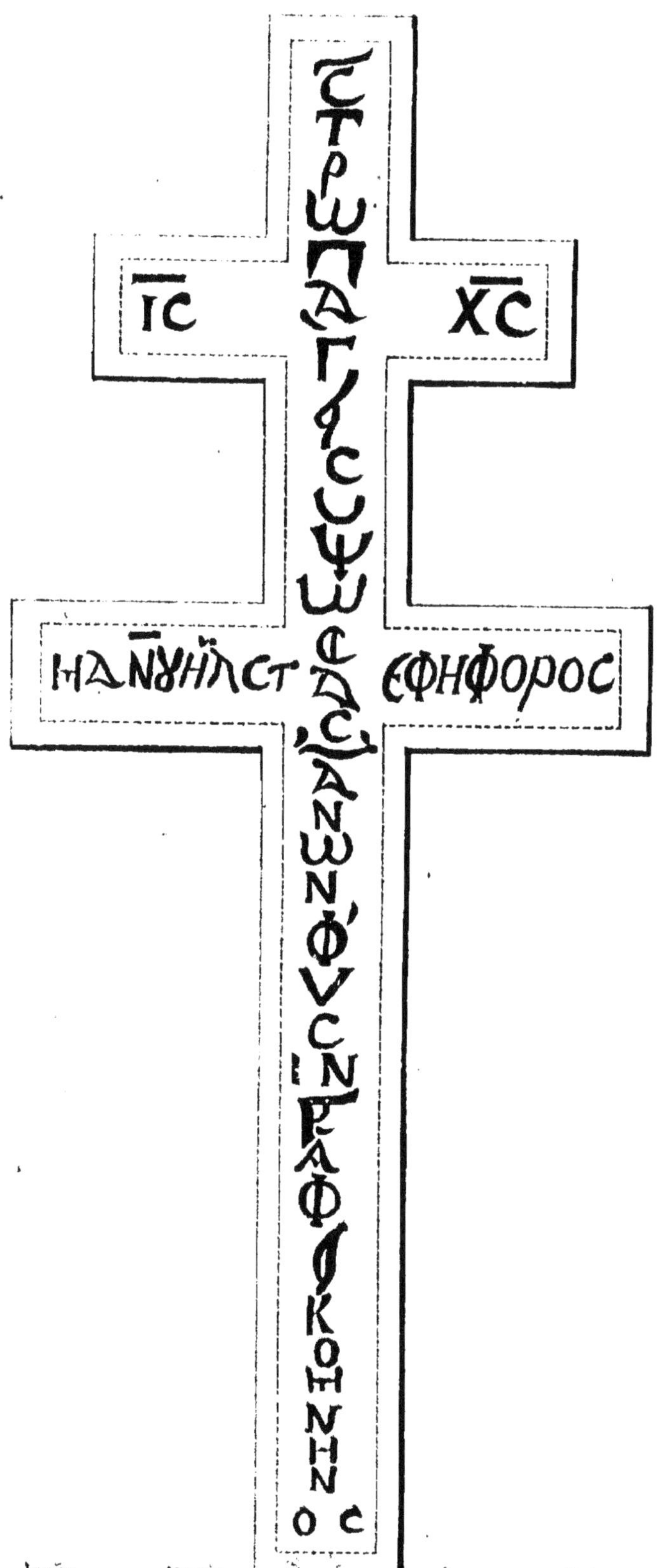

ΙC ΧC
Ἰησοῦς   Χριστὸς   Jesus   Christus

» Le nom de *Manuel Comnène*, empereur de
» Constantinople, qui y est inséré, fait certai-
» nement connoître que cette Croix vient de
» lui. L'on prétend qu'il en fit présent à un
» prince de Pologne, et qu'elle a été conservée
» précieusement dans le trésor de la couronne.
» L'on a jugé à propos d'en représenter ici la fi-
» gure, pour satisfaire la curiosité du lecteur.
» Il jugera facilement de l'antiquité de l'in-
» scription par la forme des caractères.

» Cette croix est haute de huit pouces, sans
» y comprendre son pied de vermeil de pareille
» hauteur, et orné de pierreries en divers en-
» droits. Elle a deux travers, comme les *Croix*
» *de Jérusalem*, qui sont remplis de bois de
» la vraie Croix. Elle est bordée partout de
» diamans et d'améthystes. La princesse Pala-
» tine l'avoit reçue en présent de Jean-Casimir,
» roi de Pologne, qui l'avoit tirée du trésor de
» la couronne, et apportée avec lui, lorsqu'il
» se retira en France. Il se trouve peu de por-
» tions de la vraie Croix plus considérables et
» mieux attestées; car outre les procès-verbaux
» et les autres titres vus et examinés par le
» sieur Benjamin, les lettres grecques mar-
» quent l'antiquité de l'inscription et la vérité
» de la Relique. Ce qui l'autorise encore da-
» vantage, c'est le miracle évident dont parle

» la princesse dans son testament, et qu'elle té-
» moigna, en mourant, avoir vu de ses yeux,
» que cette Croix ayant été jetée dans le feu,
» y resta du temps sans en recevoir aucun
» dommage. Mme la duchesse de Brunswick,
» fille de Mme la princesse Palatine, a aussi
» assuré que ce prodige étoit arrivé en pré-
» sence de plusieurs princes et princesses, et
» de quelques personnes de qualité.

» Des Reliques si considérables, laissées à
» l'abbaye de Saint-Germain par une si pieuse
» princesse, et délivrées avec l'agrément et par
» les ordres de Mmes les duchesses d'Anguien et
» de Brunswick, demandoient qu'on les trans-
» férât de l'hôtel de la princesse à l'église de
» l'Abbaye avec toute la solennité convenable.
» Le jour de saint Michel, 29 septembre, fut
» choisi pour cette cérémonie. Le père dom
» Claude Bretagne, prieur de Saint-Germain,
» supplia, au nom de la communauté, M. de
» Harlai, archevêque de Paris, de faire cette
» translation par une procession solennelle.
» Tout le clergé séculier et régulier du fau-
» bourg y assista; les religieux de l'Abbaye tin-
» rent le chœur, et M. l'archevêque, revêtu de
» ses habits pontificaux, y officia. Quand la pro-
» cession fut arrivée dans l'église de l'Abbaye,
» les saintes Reliques furent déposées sur un

» petit autel préparé au milieu du sanctuaire;
» puis monseigneur entonna le *Te Deum*, qui
» fut chanté par les religieux; et à la fin il
» donna la bénédiction. »

On conserve encore aujourd'hui, à la *Bibliothèque du Roi* et aux *Archives du royaume*, quelques-unes des pièces originales d'après lesquelles D. Bouillart a composé cette partie de son histoire (1). On y trouve un récit beaucoup plus détaillé de la translation des saintes Reliques, et le *Procès-verbal* imprimé de cette auguste cérémonie; mais on y remarque surtout le récit de deux miracles qui passèrent alors, à ce qu'il paroît, pour constans, et par lesquels Dieu sembla vouloir autoriser sensiblement les saintes Reliques. Voici ce qu'on lit vers le milieu du volume intitulé : *Matériaux pour les Annales de l'ordre de Saint-Benoît* (2). « Notre Seigneur fit aussi paroître
» la vertu de la sainte Croix, par la guérison
» d'un gentilhomme d'Angers, qui étoit venu
» à Paris pour se faire tailler. Après l'opéra-
» tion, il se trouva encore une pierre que l'o-

(1) Voyez parmi les *manuscrits de la Bibliothèque du Roi, provenant de l'abbaye de Saint-Germain-des-Prés*, les tomes 561, 565 et 564. — Et aux *Archives du royaume*, le carton L. 958, parmi les pièces provenant de la même abbaye.

(2) Ce manuscrit est à la *Bibliothèque du Roi*.

» pération n'avoit pas ôtée, et qui lui causoit
» des douleurs mortelles. C'étoit pendant l'oc-
» tave; et le R. P. dom Michel Germain, qui
» étoit son confesseur, lui ayant conseillé de
» s'adresser à notre Seigneur, et d'implorer les
» mérites de sa douloureuse Passion, ayant fait
» toucher une chemise aux saintes Reliques, il
» ne l'eut pas si tôt mise, qu'il jeta sa pierre
» sans aucune peine, quoiqu'il fût dans une
» posture, au jugement des médecins, toute
» opposée et toute contraire à un effet si extra-
» ordinaire. »

Un autre manuscrit de la même époque (1),
où l'on trouve le récit de la même translation,
confirme ce miracle, et y ajoute le suivant :
« Ce fut en ce temps-là que le P. dom Nicolas
» Le Nourry, religieux de ce monastère, étant
» malade à l'extrémité, abandonné de tous les
» médecins, et ayant reçu les derniers sacre-
» mens, s'étant servi d'une chemise qui avoit
» touché aux saintes Reliques, commença à se
» mieux porter; et quoiqu'en le voyant relever
» d'une si fâcheuse maladie, tout le monde crût
» qu'il en resteroit du moins infirme tout le
» reste de sa vie, sa santé est à présent si bonne,
» que jamais on ne l'a vu se mieux porter. »

(1) Tom. 561, pag. 252.

Depuis la translation dont nous venons de parler, l'église de l'abbaye de Saint-Germain en célébra chaque année la mémoire, le jour de l'*Exaltation de la sainte Croix*. On exposoit en ce jour à la vénération des fidèles la vraie Croix, avec la pointe du saint Clou, et le linge teint du sang miraculeux de notre Seigneur, enchâssés dans un magnifique reliquaire, dont le dessin avoit été donné par le célèbre peintre Le Brun, et dont on peut voir la description dans l'*Histoire de l'abbaye de Saint-Germain* (1).

A l'époque de la révolution, c'est-à-dire au mois de novembre 1793, quelques jours avant la spoliation du trésor de l'Abbaye, M. Roussineau, ancien curé de la Sainte-Chapelle de Paris, et alors curé constitutionnel de l'église Saint-Germain-des-Prés, retira ces précieux objets du riche reliquaire où ils étoient enchâssés, et les déposa dans une petite boîte qu'il enveloppa soigneusement de rubans scellés de son sceau, et de celui de dom Lièble, prêtre, ancien maître des cérémonies, et bibliothécaire de l'Abbaye. Non content de ces précautions, il fit reconnoître ces objets en 1797 par M. de Dampierre, alors vicaire-général de Paris, et au-

____

(1) *Hist. de l'abb. de S.-Germ.* pag. 281 et 314.

jourd'hui évêque de Clermont. Après cette vérification, M. de Dampierre renferma de nouveau
les saintes Reliques dans la boîte, qu'il scella
des sceaux de M. de Juigné, alors archevêque
de Paris. Cette boîte ainsi scellée fut conservée depuis par M. Roussineau jusqu'à sa mort,
arrivée le 2 octobre 1827, à Dourdan, diocèse
de Versailles, où il étoit curé (1). Il avoit plu-

(1) Jean-François Roussineau étoit né à Paris en 1754.
Ayant embrassé l'état ecclésiastique, il fut ordonné prêtre le
19 décembre 1778, et devint, en 1784, curé de la Sainte-Chapelle, ou plutôt vicaire du trésorier de cette église. (*Hist. de
la Sainte-Chapelle*, pag. 92. *Pièces justificat.* pag. 24 et 48.)
Ayant fait le serment en 1791, il fut élu curé de Saint-Germain-des-Prés; mais il fut un des plus empressés, en 1795, à
rétracter son serment, pour se réunir à Mgr l'archevêque de
Paris, et aux vicaires-généraux qui gouvernoient le diocèse
sous son autorité. A l'époque du Concordat, M. Charrier de
la Roche, évêque de Versailles, le nomma à la cure de Dourdan, où il a fait toute sorte de biens. La maison de force
même se ressentit de son zèle, et des hommes endurcis dans
le vice parurent changés à la voix du sage pasteur, qui alloit
chaque jour les visiter, les instruire et les consoler. Constamment occupé des intérêts de sa paroisse, il a eu la consolation
d'y ranimer l'esprit de foi et de religion. Son zèle et sa charité ne se sont pas démentis pendant vingt-cinq ans. Il est
mort le 2 octobre 1827, après un mois de souffrances, en ap-
pelant les bénédictions du ciel sur le troupeau qui lui étoit
confié, et dont il a été universellement regretté.

Nous tirons ces détails du journal intitulé : *L'Ami de la Religion et du Roi.* (n. 1378.) Il a paru depuis, dans le même journal, (n. 1404) une lettre de M. Roussineau à un ecclésiastique
estimable de la capitale, qui lui avoit demandé quelques dé-

sieurs fois manifesté le désir de remettre cette boite à M. de Quélen, archevêque de Paris, et elle lui fut en effet remise le 25 octobre 1827, scellée des sceaux de M. de Juigné, que M. de Dampierre y avoit apposés en 1797 (1). M. l'archevêque de Paris, après les avoir vérifiés, a de nouveau constaté l'authenticité de la Relique. Il l'a fait ensuite placer dans une riche croix de vermeil élégamment travaillée, et fermée de deux cristaux, en sorte que l'on peut aisément distinguer, d'un côté, le bois de la vraie Croix, et de l'autre les anciennes lames d'or dont elle est revêtue, ainsi que l'inscription grecque qui se lit sur le revers. Le 22 février 1828, jour de la *fête des cinq Plaies de*

tails sur ce qui s'étoit passé à l'abbaye de Saint-Germain-des-Prés, lors de la spoliation du trésor de cette ancienne et riche église. M. Roussineau, dans cette lettre datée du 26 juillet 1826, dit expressément qu'il *n'a conservé aucune des Reliques* qui se trouvoient alors à l'Abbaye; mais on doit remarquer que la spoliation de l'église de Saint-Germain-des-Prés eut lieu le 19 novembre 1793, et que huit jours auparavant M. Roussineau avoit déjà soustrait et mis en lieu sûr les précieux objets qui ont été remis depuis peu à Msr l'archevêque de Paris. (Voyez le n. VIII des *Pièces justificatives* à la suite de cette *Notice.* — *Journal des Débats et Décrets,* frimaire an II, n. 428. — *Moniteur* du 2 frimaire an II (22 novembre 1793.) — *Tableau chronol. de la révolution franç.* dans les dernières éditions du *Dict. de Feller,* 19 novembre 1793.)

(1) On trouve parmi les *Pièces justificat.* (n. VIII) une copie exacte des pièces qui établissent la vérité de ces faits.

notre Seigneur, on fit une translation solennelle de cette précieuse Relique dans l'église de Notre-Dame, où elle fut confiée à la garde du chapitre métropolitain.

Au reste, la *Croix de la princesse Palatine,* indépendamment de ces témoignages récens, porte, pour ainsi dire, avec elle la preuve de son authenticité; car elle est encore aujourd'hui enchâssée dans la croix d'or sur laquelle sont gravés les caractères grecs dont nous avons parlé, et ses dimensions répondent exactement à celle de la gravure qui en fut faite, il y a plus de cent ans, dans l'*Histoire de l'abbaye de Saint-Germain* (pag. 279).

On remarque dans cette Croix, comme dans celle d'Anseau, diverses sortes de bois. Au milieu du bois de couleur brune, dont se compose la plus grande partie de la Relique, on voit une autre Croix d'un bois plus noir, et semblable à de l'ébène. Nous avons donné ailleurs (*pag.* 56 *et suiv.*) la raison de ce mélange.

ARTICLE II.

DE LA SAINTE COURONNE D'ÉPINES.

Pour mettre plus d'ordre et de clarté dans l'histoire de ce pieux monument, nous la partagerons en trois époques principales, dont la première s'étend depuis la Passion de notre Seigneur jusqu'à la translation de la sainte Couronne à Paris, en 1238; la seconde, depuis cette translation jusqu'à la révolution française; et la troisième, depuis la révolution jusqu'à ce jour. Nous exposerons dans un dernier paragraphe ce qui regarde la matière et l'état présent de la sainte Couronne.

§ Iᵉʳ. — *Histoire de la sainte Couronne depuis la Passion de notre Seigneur jusqu'à la translation de cette précieuse Relique à Paris, en* 1238 (1).

L'histoire ecclésiastique des quatre premiers siècles ne fournit aucun renseignement sur la sainte Couronne. Quelques auteurs ont pensé

______

(1) Voyez les *Vies des Saints*, par Baillet, 3 mai, n. 5. *Fêtes mob. Vendredi-saint*, n. 25. — Gretser, *de Cruce*, tom. I, lib. I, cap. xcv.

qu'elle avoit été découverte à Jérusalem en 326, avec les autres instrumens de la Passion de Jésus-Christ (1). D'autres ont avancé qu'aucun auteur n'avoit fait mention de la sainte Couronne avant le douzième siècle. Voici ce que nous croyons pouvoir établir à cet égard, d'après les anciens monumens.

I. Il n'est guère vraisemblable que la sainte Couronne se soit trouvée avec les autres instrumens de la Passion du Sauveur découverts par sainte Hélène en 326. Aucun auteur ancien ne parle de ce fait, et ceux mêmes qui rapportent plus en détail la découverte de la *sainte Croix* avec les *Clous* et le *Titre*, ne disent pas un mot de la sainte Couronne, dont ils eussent naturellement dû faire mention, si elle eût été jointe aux autres objets dont on vient de parler.

On demandera peut-être comment il se peut faire que la sainte Couronne n'ait pas été enterrée avec la Croix et son *Titre*, puisque notre Seigneur a dû la porter au Calvaire et sur la Croix, selon l'ancienne et pieuse tradition de l'Église (2).

Cette difficulté se résout aisément en suppo-

(1) Voyez le *Dict. de Moréri*, article *Couronne*. — *Descript. histor. de la basiliq. métrop. de Paris*, par Gilbert, pag. 329.

(2) Vid. Bened. XIV, *de Festis*, lib. I, cap. VII, n. 89.

sant que la sainte Couronne ne se trouva pas sous la main de ceux qui enterrèrent les autres instrumens de la Passion, et qu'elle avoit déjà été recueillie par quelque disciple du Sauveur avant le moment de sa sépulture. Si l'on a recueilli soigneusement le roseau, l'éponge et la lance, au témoignage de plusieurs anciens Pères (1), il est naturel de penser qu'on aura conservé de même, et à plus forte raison, la sainte Couronne (2).

II. L'existence et la conservation de cette précieuse Relique passoient pour constantes dans l'Église au cinquième et au sixième siècles. Saint Grégoire de Tours, qui écrivoit au sixième siècle, assure que, de son temps, on

(1) Voyez en particulier *Greg. Turon. de Gloria Martyrum*, lib. I, cap. VII.

(2) Il se pourroit faire que la sainte Couronne eût été conservée à Jérusalem avant l'arrivée de sainte Hélène, et que cette pieuse princesse l'eût portée à Constantinople avec les autres instrumens de la Passion de notre Seigneur, qu'elle avoit trouvés dans le saint Sépulcre. C'est ce que supposent quelques auteurs qui regardent comme un présent de sainte Hélène, les deux épines qui se conservent à Rome dans *l'église de Sainte-Croix de Jérusalem*. (Thomas Bartholin, *de Cruce*, pag. 164.) Mais nous n'avons pu découvrir les fondemens de cette pieuse tradition. Les *Actes des Saints* parlent bien (18 aug. pag. 377, B) de quelques autres Reliques de la Passion de Jésus-Christ laissées à Rome par sainte Hélène; mais ils ne parlent point des *deux épines*.

la conservoit, aussi bien que la lance, le roseau et l'éponge. Il ajoute que les épines en
paroissent toujours vertes, et conservent leur
couleur naturelle par une vertu divine. Voici
les propres paroles du saint docteur : « *De*
» *Lancea vero*, Arundine, Spongia, Corona
» spinea, *et* Columna *ad quam verberatus est*
» *Dominus et Redemptor Hierosolymis, dicen-*
» *dum..... Ferunt etiam ipsos* Coronæ *sentes*
» *quasi virides apparere; quæ tamen si videan-*
» *tur aruisse foliis, quotidie tamen revirescere*
» *virtute divinâ* (1). »

Long-temps avant saint Grégoire de Tours,
c'est-à-dire vers l'an 409, saint Paulin, évêque de Nole, supposoit l'existence de la sainte
Couronne, comme un fait notoire et incontestable. Ses paroles sont d'autant plus dignes
d'attention, qu'elles supposent l'existence de
plusieurs autres Reliques également précieuses,
et la tendre dévotion des fidèles pour ces pieux
monumens. Le saint évêque voulant engager un
magistrat, nommé Macaire, à protéger de tout
son pouvoir un vénérable vieillard que Dieu
avoit miraculeusement sauvé du naufrage pour
l'amener à la grâce du baptême, expose d'abord
assez au long l'histoire de ce bon vieillard; puis

____

(1) *Gregor. Turon.* ubi suprà.

il s'exprime ainsi vers la fin de sa lettre (1) :
« Si la piété nous inspire un saint empresse-
» ment pour visiter les lieux où Jésus-Christ a
» vécu, où il a souffert, où il est ressuscité, et
» d'où il est monté aux cieux; si nous regar-
» dons comme une faveur singulière d'empor-
» ter et de conserver un peu de poussière de
» ces saints lieux, ou la plus petite parcelle du
» bois sacré de la Croix (2), considérez com-

(1) *Si ergo religiosa cupiditas est loca videre, in quibus Christus ingressus, et passus est, et resurrexit, et unde conscendit;
et aut de ipsis locis exiguum pulverem, aut de ipso Crucis ligno
aliquid saltem festucæ simile sumere et habere, benedictio est;
considera quantò major et plenior gratia sit, virum senem vel
testimonio divinæ veritatis inspicere! Si præsepe nati, si fluvius
baptizati, si hortus orantis Magistri, si atrium judicati, si columna districti, si SPINA CORONATI, si lignum suspensi, si
saxum sepulti, si locus resuscitati erectique, memoria divinæ
quondam præsentiæ, celebratur, et veterem veritatem præsenti
fide comprobant in rebus exanimis viva documenta; quàm reli-
giosè aspiciendus est hic, quem alloqui Dei sermo dignatus est,
cui se facies divina non texit, cui nunc martyrem suum, nunc
semetipsum Christus ostendit, in cujus vivente terra Dominici
corporis videmus impressa vestigia, si fidelibus oculis et acie spi-
ritali, quod in eo sinus Christi, quod manus contigit, perle-
gamus?* (S. *Paulin. Epist. ad Macarium,* n. 14.) — Cette
lettre, qui fut écrite vers l'an 409, est la XXXIVe dans plusieurs anciennes éditions; dans quelques autres, la XXXVIe;
enfin, dans les dernières éditions, la XLIXe. D'habiles critiques la regardent comme le chef-d'œuvre de saint Paulin.
(Voyez les *Mémoires* de Tillemont, tom. XIV, pag. 152.)

(2) On a vu plus haut (art. Ier, 2e *question*, pag. 19 et suiv.)
quel étoit, dans ces anciens temps, l'empressement des fidèles

» bien c'est une faveur plus grande et plus
» précieuse de contempler ce vieillard encore
» plein de vie par un effet singulier de la puis-
» sance divine! Si la crèche dans laquelle notre
» divin Maître a voulu naître, le fleuve dans
» lequel il a été baptisé, le jardin où il a prié,
» le palais où il a été condamné, la colonne à
» laquelle il a été attaché, *les épines dont il a*
» *été couronné*, le bois auquel il a été suspendu,
» la pierre de son tombeau, le lieu de sa résur-
» rection et celui de son ascension, sont juste-
» ment honorés, parce qu'ils nous rappellent
» le souvenir de sa divine présence; si la viva-
» cité de la foi nous oblige à regarder ces ob-
» jets inanimés comme des témoignages sensi-
» bles de la vérité des évènemens anciens : avec
» quel profond respect devons-nous regarder

pour obtenir quelque parcelle de la vraie Croix. On voit ici
que leur profond respect pour les lieux consacrés par la présence de Jésus-Christ leur faisoit regarder comme une précieuse relique, la poussière même de ces lieux. On trouve
encore un témoignage remarquable de cette ancienne dévotion dans les écrits de saint Théodore Studite, au neuvième
siècle : « Les lieux où Jésus-Christ a vécu, dit-il, sont, par
» cela même, sacrés et vénérables; et les fidèles qui peuvent
» obtenir un peu de poussière, ou même une pierre de ces
» lieux saints, se font un devoir de les conserver avec honneur,
» comme un précieux trésor, et comme de très-saintes reli-
» ques. » (*S. Theod. Stud. Dogmatic. de honor. sacr. Imag.*
tom. III *Biblioth. Patrum.*)

» ce vénérable vieillard, à qui Dieu lui-même
» a daigné faire entendre sa parole, et révéler
» sa face adorable, à qui Jésus-Christ a voulu
» montrer son digne témoin (le bienheureux
» Félix) et se montrer lui-même (1); enfin en
» qui nous voyons, pour ainsi dire, imprimés
» les vestiges du corps de Jésus-Christ, qui lui
» a permis de reposer sur son sein et entre ses
» bras sacrés! »

III. Long-temps avant le douzième siècle, et
même avant le temps des Croisades, on croyoit
en Occident que la sainte Couronne existoit encore, et qu'elle se conservoit en partie à Constantinople dans la chapelle des empereurs, et
en partie dans l'église du Saint-Sépulcre de Jérusalem. Voici les principaux témoignages que
nous avons pu recueillir sur ce fait important.

Aimoin, religieux de l'abbaye de Fleury, qui
écrivoit à la fin du dixième siècle, suppose que
saint Germain, évêque de Paris, étant allé sa-
luer l'empereur Justinien à Constantinople, en
revenant de la Terre-Sainte, vers l'an 561, rapporta, parmi les Reliques dont ce prince lui fit
présent, *une partie de la Couronne d'épines de*

(1) S. Paulin rapporte, dans le cours de cette lettre, que le
saint vieillard dont il est ici question avoit été miraculeusement visité, et soutenu au milieu de ses dangers, par saint
Félix de Nole, et par Jésus-Christ lui-même.

notre Seigneur (1). Il est vrai que ce prétendu voyage de saint Germain à Jérusalem et à Constantinople passe aujourd'hui pour une fable. Toutefois il résulte clairement de ce témoignage, qu'au temps d'Aimoin, on croyoit en France que la sainte Couronne existoit encore, et se conservoit, au moins en partie, à Constantinople.

Le même auteur rapporte (2) que, vers l'an 800, le patriarche de Jérusalem, instruit des vertus et de la renommée de Charlemagne, lui envoya un religieux avec des Reliques du saint Sépulcre, parmi lesquelles étoient *un Clou* dont notre Seigneur fut crucifié, des *épines de sa Couronne*, et un morceau considérable de sa Croix. On croyoit donc en France, au temps d'Aimoin, que la sainte Couronne se conservoit en partie à Constantinople et en partie à Jérusalem, et que, dès le temps de Charlemagne, une partie de cette précieuse Relique avoit été transportée en France. Ce témoignage d'Aimoin a d'autant plus de poids, qu'il est confirmé par celui d'Eginhard, et de plusieurs autres his-

(1) Aimonius, *de Gestis Franc.* lib. III, cap. IX. — Apud Baronium; anno 561, n. 14.

(2) Ce passage d'Aimoin est cité par Wassemburg dans ses *Antiquités de la Gaule Belgique*, pag. 146. — Voyez aussi l'*Hist. eccl. de la Cour, ou Antiquités de la Chapelle du Roi*, par Dupeyrat. Paris, 1645, in-fol. pag. 52.

toriens de cette époque. Le premier rapporte, dans ses *Annales*, que l'Empereur étant à Aix-la-Chapelle, vers la fin de l'année 799, un moine de Jérusalem vint lui apporter, de la part du patriarche, des présens et des *Reliques du saint Sépulcre* (1). On trouve la même chose, sous l'an 799, dans plusieurs anciennes chroniques recueillies par D. Bouquet, dans le tome V de sa *Collection des Historiens de France*, et particulièrement dans une Chronique fort estimée des savans, et connue sous le nom d'*Annales de Saint-Bertin*, parce qu'elle a été publiée d'après un ancien manuscrit de l'abbaye de Saint-Bertin en Artois (2).

Plusieurs monumens de l'histoire de Charles le Chauve confirment ces divers témoignages. Une *Histoire anonyme* de cet empereur, insérée par D. Bouquet dans le tome VII de sa *Collection des Historiens de France*, dit expressément qu'il donna à l'abbaye de Saint-Denis un saint Clou de notre Seigneur, une portion de la sainte Croix, et une partie notable de la sainte Couronne.

Le tombeau de Charles le Chauve, qu'on

(1) *Hist. eccl. de Fleury*, tom. X, liv. XLV, n. 22.

(2) Voyez aussi le *Recueil des Historiens de France*, par Duchesne, tom. III, pag. 150. — Muratori, *Scriptores rerum Italic.* tom. II, part. I, pag. 495, etc.

voyoit à Saint-Denis avant la révolution, peut encore être cité à l'appui de ce fait. « Sur les » rebords de ce tombeau, dit le savant histo- » rien de l'abbaye royale de Saint-Denis, sont » écrits six vers latins qui font connoître que » l'église de Saint-Denis est redevable à cet » Empereur *d'une épine de la Couronne de* » *notre Seigneur, et d'un des Clous qui servirent* » *à l'attacher en croix* (1). » Quoique cette inscription ne soit, à ce qu'il paroît, que du douzième siècle, elle semble très-propre à confirmer le fait dont il s'agit. Il falloit en effet qu'il parût alors bien constant, pour qu'on en fît une mention expresse dans l'épitaphe de l'empereur Charles le Chauve, qui étoit mort trois cents ans auparavant.

« Guillaume de Nangis (religieux de l'ab- » baye de Saint-Denis, qui écrivoit au trei- » zième siècle) dit que Charles le Chauve tira » les Reliques dont on vient de parler d'Aix-

(1) *Hist. de l'abbaye royale de Saint-Denis,* par D. Félibien. Paris, 1706, in-fol. pag. 97 et 554. Voici les six vers qu'on lisoit sur la tombe de Charles-le-Chauve :

> Imperio Carolus Calvus regnoque politus
> > Gallorum, jacet hic sub brevitate situs.
> Plurima cum villis, *cum Clavo, cumque Corona*
> > Ecclesiæ vivus huic dedit illa bona.
> Multis ablatis nobis fuit hic reparator,
> > Sequanii fluvii, Ruoliique dator.

» la-Chapelle, où elles avoient été mises par
» Charlemagne (1). » Ce passage suppose clairement qu'au temps où écrivoit cet auteur, on
croyoit en France que, sous le règne de Charlemagne, on avoit transporté dans la chapelle de
nos rois quelques portions de la sainte Couronne.

Cette opinion n'étoit point particulière à la
France; et, vers la fin du même siècle, on la
trouve établie en Allemagne. Ludolphe (ou Lu-
pold) de Bebenburck, chanoine de Mayence,
dans le livre qu'il a composé *sur le zèle des
anciens princes Germains pour la religion,* dit
que Charlemagne, étant allé à Constantinople,
(vers l'an 770) sous le règne de l'empereur
Constantin IV, obtint de ce prince diverses Reliques de la Passion du Sauveur, entre autres
une portion de la sainte Couronne (2). Nous
sommes bien éloignés de donner pour certain
ce voyage de Charlemagne, dont les anciens
historiens de cet Empereur ne font aucune
mention. Toutefois ce témoignage de Ludolphe
prouve du moins qu'au temps de cet auteur,
c'est-à-dire vers la fin du treizième siècle, on
croyoit en Allemagne, comme en France, que

(1) *Hist. de l'abbaye de Saint-Denis,* pag. 97.
(2) Lupoldi, lib. *de Zel. vet. princ. Germ.* cap. XIV : apud
Biblioth. PP. tom. XXVI, pag. 105 A.

la sainte Couronne, avant d'être apportée en France, se conservoit de temps immémorial à Constantinople.

IV. On doit tenir pour certain que la sainte Couronne, qui se conservoit au douzième siècle dans la chapelle des empereurs de Constantinople, étoit la même dont notre Seigneur a été couronné au temps de sa Passion. En effet, il seroit tout-à-fait déraisonnable de révoquer en doute une tradition de cette importance, admise de temps immémorial au douzième siècle dans l'église d'Orient, et reçue sans contradiction en Occident, même dans les églises particulières qui auroient pu être intéressées à la combattre : or, tels sont les caractères de la tradition sur laquelle est établie l'authenticité de la précieuse relique dont nous parlons.

1° Cette tradition existoit de temps immémorial au douzième siècle dans l'église d'Orient. Ce premier point est unanimement admis par tous les historiens de cette époque, et par tous ceux qui ont écrit depuis. On peut s'en convaincre en consultant les auteurs que nous avons indiqués plus haut à l'occasion des saintes Reliques données à nos rois, en 1204 et 1241, par les empereurs de Constantinople. Les témoignages que nous citerons dans le paragraphe suivant, sur la translation de la sainte Couronne en 1238,

viendront encore à l'appui de ce fait. Il nous
suffira d'ajouter ici le témoignage de l'empereur
Alexis Comnène Ier, qui, dès le temps de la
première Croisade, c'est-à-dire un siècle et demi
avant cette translation, voulant exciter les princes chrétiens de l'Occident à venir au secours
de Constantinople, menacée par les Musulmans,
leur représentoit, comme un des plus puissans
motifs, la profanation à laquelle étoient exposées les saintes Reliques dont la ville de Constantinople étoit enrichie. « Il vaut bien mieux,
» écrivoit-il, en 1100, à Robert comte de Flan-
» dre, que la ville de Constantinople soit en
» votre pouvoir qu'en celui des païens; car on
» y conserve des reliques infiniment précieuses
» de notre Seigneur Jésus-Christ, savoir : la co-
» lonne à laquelle il a été attaché, le fouet dont
» il a été flagellé, la robe de pourpre dont il a
» été révêtu, la *Couronne d'épines dont il a été*
» *couronné*, le roseau qu'on lui a donné pour
» sceptre, les habits dont on l'a dépouillé avant
» de le crucifier, une partie considérable de la
» croix à laquelle il a été attaché, les clous qui
» ont servi à son crucifiement, les linges trouvés
» dans son tombeau après sa résurrection, etc...
» Tous ces précieux objets doivent bien plutôt
» appartenir aux chrétiens qu'aux païens; ils
» seront un rempart tout-puissant pour les chré-

» tiens qui les posséderont; mais ils feront au
» contraire leur malheur et leur condamna-
» tion, s'ils les perdent par leur faute (1). »

2° Ce qui ajoute un nouveau poids à cette
tradition, déjà si respectable par elle-même,
c'est que non-seulement on ne la trouve nulle
part contredite ou contestée, soit en Orient,
soit en Occident; mais qu'on la voit, au contraire, admise et confirmée par les églises d'Occident, même par celles qui auroient pu avoir
quelque intérêt à la combattre. Le témoignage
d'Aimoin, que nous avons cité plus haut, montre que la tradition de l'église d'Orient sur la
sainte Couronne étoit déjà reçue en France,
long-temps avant le douzième siècle. Les re-
grets qu'exprimèrent les Vénitiens, en 1239,
lorsque saint Louis dégagea de leurs mains cette
précieuse relique, montrent combien ils étoient
éloignés de contester la tradition dont il s'agit.

(1) Martène, *vet. Script. et Monum. amplissima Collectio*,
Paris, 1724, tom. I, pag. 574, deuxième col. — Le P. Martène avoit déjà publié cette lettre en 1717 (dans le tom. 1 du
Thesaurus novus anecdotorum, pag. 267,) d'après plusieurs
anciens manuscrits qui la rapportoient à l'an 1095. Dans la
nouvelle Collection, publiée en 1724, il donne à cette pièce la
date de 1100, d'après un autre manuscrit. M. Michaud, dans
l'*Hist. des Croisades* (tom. I, pag. 95, *note*,) soutient l'authenticité de cette lettre contre les attaques de M. Héeren,
qui la révoque en doute dans son *Commentaire sur les historiens grecs*.

L'empressement que saint Louis lui-même témoigna en cette occasion, pour faire venir en France la sainte Couronne, montre assez combien on étoit généralement persuadé, dans ce royaume, aussi bien qu'à Constantinople, que cette Couronne étoit véritablement celle de notre Seigneur. Comment, en effet, peut-on raisonnablement supposer qu'il eût témoigné tant d'empressement, et fait de si grands sacrifices, pour obtenir une Relique dont l'authenticité eût paru douteuse aux personnes instruites dont il ne pouvoit ignorer l'opinion?

Long-temps avant cette translation, l'abbaye de Saint-Denis possédoit une portion de la sainte Couronne qu'elle croyoit avoir reçue de Charles-le-Chauve au neuvième siècle (1). Toutefois, bien loin de contester l'authenticité de la sainte Couronne conservée à Constantinople, les religieux de Saint-Denis reçurent avec reconnoissance, en 1205, une des épines de cette Couronne qui leur fut donnée par Philippe-Auguste, avec le morceau de la vraie Croix dont nous avons parlé ailleurs (2); et ils

(1) *Hist. de l'abbaye de Saint-Denis*, par Félibien, pag. 97 et 208. — *Hist. eccl.* de Fleury, tom. XV, liv. LXXIV, n. 22. — Rigord, tom. V de la Collection de Duchesne, p. 25 et 35.

(2) Ci-dessus, pag. 31. — *Hist. de l'abbaye de Saint-Denis*, pag. 215 et 537. — *Hist. de l'Égl. Gall.* tom. X, liv. XXIX, année 1205, pag. 245.

assistèrent sans difficulté à la procession solennelle qui eut lieu pour la translation de la sainte Couronne dans la chapelle du palais, en 1239 (1).

Après tous ces témoignages, on est justement surpris et même scandalisé d'entendre un auteur moderne avancer avec confiance qu'avant cette translation, « les moines de Saint-Denis » s'étoient vantés de posséder la sainte Couronne d'épines, mais que la considération de » saint Louis, qu'il n'auroit pas été honnête de » contredire ou d'inquiéter dans la jouissance » de ce nouveau trésor, leur fit changer de langage. Ils se réduisirent alors (selon cet auteur) à dire que ce qu'ils avoient étoit un » simple morceau de la Couronne d'épines, envoyé d'Orient à Charlemagne, et tiré de la » Sainte-Chapelle d'Aix par Charles-le-Chauve, » qui leur en avoit fait présent (2). » Il est aisé de montrer que de pareilles assertions ne sont pas seulement téméraires et irréfléchies, mais

____

(1) *Hist. de l'abbaye de Saint-Denis*, pag. 254.

(2) Baillet, *Fêtes mob. Vendredi-saint*, art. III, pag. 248. — Fleury ne parle guère plus exactement dans son *Hist. eccl.* liv. LXXIV, n. 23, tom. XV. Velly, dans son *Hist. de saint Louis* (année 1238), adopte aveuglément l'assertion de Baillet. Il indique en marge l'*Hist. de Philippe-Auguste*, par Rigord; (tom. V de la Collection de Duchesne, pag. 25 et 33) mais cet auteur ne dit rien de semblable.

qu'elles sont en contradiction manifeste avec les monumens les plus authentiques. En effet, où a-t-on pris qu'avant la translation de la sainte Couronne de Constantinople à Paris, l'abbaye de Saint-Denis croyoit posséder cette précieuse Relique? Elle croyoit, à la vérité, en posséder *une partie*. Mais croyoit-elle la posséder *toute entière?* Voilà ce qu'on ne sauroit prouver, et ce qu'on ne peut même supposer sans attribuer la conduite la plus singulière et la plus inconséquente, soit à saint Louis, soit aux religieux de Saint-Denis, puisque, dans le temps même où l'on prétend qu'ils croyoient avoir en leur possession la sainte Couronne, ils témoignèrent la plus profonde vénération pour celle qui se conservoit à Constantinople.

Dira-t-on que l'épitaphe déjà citée de Charles-le-Chauve ne parle pas seulement d'une *partie de la sainte Couronne,* mais *de la Couronne* elle-même, donnée par cet empereur à l'abbaye de Saint-Denis? Cette difficulté ne peut être sérieusement proposée par un homme instruit, qui sait que, dans le langage poétique et même dans le langage ordinaire, on emploie souvent le tout pour désigner la partie, comme la partie pour désigner le tout. Aussi le savant historien de Saint-Denis, ainsi que plusieurs autres écrivains qui ont fait mention de la sainte épine donnée à cette abbaye par l'empereur Charles-le-Chauve, la désigne-t-il indifféremment par le nom de *couronne* ou par celui d'*épine* (1).

Quant à cette autre supposition de Baillet, que les religieux de Saint-Denis s'abstinrent, par politesse, *de contredire ou d'inquiéter saint Louis* dans la jouissance de la sainte Couronne venue de Constantinople, rien de plus insoutenable que cette supposition : car, 1° ces religieux ne purent même pas avoir la pensée de contredire ou d'inquiéter là-dessus le saint Roi, puisqu'ils avoient eux-mêmes reconnu, trente-quatre ans auparavant, la vérité de la sainte Couronne conservée à Constantinople, en recevant avec vénération la sainte épine dont Philippe-Auguste leur avoit fait présent. 2° Quand on supposeroit, contre toute vraisemblance, que les religieux de Saint-Denis n'osèrent *contredire ou inquiéter* saint Louis sur ce point, peut-on raisonnablement supposer qu'ils n'eussent point réclamé dans la suite, s'ils eussent eu quelque difficulté sérieuse à proposer contre la sainte Couronne venue de Constantinople ?

____

(1) *Hist. de Saint-Denis*, pag. 97. — *Hist. eccl. de la Cour, ou Antiquités de la Chapelle du Roi*, par Dupeyrat, pag. 32 et 43. — *Hist. anonyme de Charles-le-Chauve*, dans le tome VII de la Collection de D. Bouquet.

Assurément il est tout-à-fait incroyable qu'ils eussent constamment gardé le silence sur une question qu'il leur importoit si fort d'éclaircir; et toutefois il est inoui qu'ils aient jamais eu l'idée de proposer quelque doute sur ce point. L'assertion de Baillet est donc manifestement téméraire, invraisemblable, et incapable de faire impression à un homme tant soit peu versé dans l'histoire de l'époque dont il s'agit.

Ce qu'il y a de plus singulier, c'est que les différentes assertions de Baillet sur ce point sont réfutées par l'auteur même dont il invoque le témoignage. Le seul qu'il ait cru pouvoir citer est le P. Doublet, religieux de l'abbaye de Saint-Denis, et auteur d'une *Histoire de cette abbaye*, publiée à Paris en 1625 *in-4°*. Nous avons été curieux de vérifier cette citation. Quel a été notre étonnement, lorsqu'à l'endroit même indiqué par Baillet (1), nous avons vu que, selon l'ancien manuscrit suivi par le P. Doublet, « Charles-le-Chauve apporta, de son palais » d'Aix-la-Chapelle à l'église de Saint-Denis, » un saint Clou, *une partie de la sainte Cou-* » *ronne*, et une portion de la sainte Croix! *A* » *palatio suo (Aquisgrani) ad præfatam ec-*

______

(1) *Hist. de l'abbaye de Saint-Denis*, par Doublet, pag. 1259. Cette histoire a été effacée par celle de Félibien que nous avons citée plus haut.

» *clesiam (S. Dionysii) attulit sacrosanctum*
» *unum clavum*,.... PARTEMQUE SPINEÆ CORONÆ
» DOMINICÆ, et *partem vivificæ Crucis.* » Qu'on
juge, d'après cela, quelle confiance mérite Baillet, lors même qu'il cite en marge d'importantes
autorités.

On en jugera encore mieux, si l'on examine
de près cette autre assertion du même auteur:
« L'église de Verceil, en Piémont, dit-il, se
» croit en possession de la sainte Couronne,
» dont elle fait la fête tous les ans, au 23 fé-
» vrier; on ne sait d'où pourroit lui être venue
» une telle Relique (1). »

Une assertion si extraordinaire demanderoit
sans doute de fortes preuves; et il est d'autant
plus étonnant que Baillet n'ait pas essayé de les
fournir, qu'en parlant ainsi, il se met en oppo-
sition avec le torrent des auteurs qui ont écrit
sur cette matière. Toutes les recherches que
nous avons pu faire, soit dans les auteurs qu'il
cite, soit dans une foule d'autres, n'ont pu nous
en découvrir un seul qui vienne à l'appui de
son assertion, et même qui ne la contredise
formellement; en sorte que nous ne pouvons
l'excuser qu'en supposant qu'il parle ici d'a-
près quelque bruit populaire, ou d'après quel-

---

(1) Baillet, *Vies des Saints,* 5 mai, n. 6.

que ouvrage tout-à-fait obscur et sans autorité (1).

Mais quelle que soit la source de cette assertion de Baillet, nous ne balançons pas à dire
qu'elle est, non-seulement invraisemblable en
elle-même, mais absolument fausse; car, 1° ce
ne sont pas seulement les auteurs français qui
regardent comme authentique la sainte Couronne conservée à Paris. Les savans étrangers,
et même les Italiens qui ont traité cette matière, sont unanimes sur ce point, et ne supposent même pas qu'il existe là-dessus aucune
contestation. On peut voir en particulier ceux
que nous avons cités en note dans la *Préface*
de cette *Notice*. On doit remarquer que la plupart de ces auteurs sont Italiens, et que tous
sont étrangers, à l'exception du P. Ferrand,

(1) Peut-être pourroit-on supposer que Baillet aura d'abord
écrit par distraction, *Verceil* au lieu de *Venise*, et qu'il aura
ensuite mis, pour plus ample explication, *Verceil en Piémont*. Ce qui rend cette conjecture plausible, c'est qu'un des
auteurs cités par Baillet parle en effet de la ville de *Venise*,
comme possédant une portion notable de la sainte Couronne.
(Malloni, *de sacra Sindone*, pag. 193 et 195.) Au reste, dans
cette supposition même, Baillet seroit encore inexcusable d'a-
voir attribué à la ville de Venise la prétention de posséder la
sainte Couronne toute entière, tandis que les auteurs qui
parlent de la sainte Épine de Venise, et Malloni en particulier qui l'avoit vue, ne la donnent que comme une portion de
la sainte Couronne qui se conserve en France.

Jésuite, et du P. Serry, Dominicain français, qui a passé la plus grande partie de sa vie en Italie. Or il est constant que ces auteurs ne disent pas un seul mot de la sainte Couronne que Baillet prétend être conservée à Verceil; tandis qu'ils supposent, comme une chose indubitable et universellement reconnue, l'authenticité de la sainte Couronne qui se conserve à Paris (1).

2° Parmi un si grand nombre d'Italiens, ecclésiastiques ou laïques, que la curiosité ou leurs affaires attirent journellement à Paris depuis plusieurs siècles, il est inoui qu'un seul homme instruit ait élevé des doutes sur la sainte Couronne qui se conserve en cette ville. De nos jours encore, comme on le verra dans le paragraphe suivant, le cardinal Spina, archevêque de Gênes, assistant à la vérification de la sainte Couronne, qui eut lieu en 1806 au palais archiépiscopal de Paris, autorisa, par sa signature, le *Procès-verbal* de cette vérification, et reçut avec reconnoissance une portion de la sainte relique. Nous avons encore interrogé ou fait interroger sur ce point plusieurs ecclésias-

____

(1) *Baron. Annales*, ad ann. 34. — *Acta SS.* 25 aug. §. 30, 36 et 37. — Bened. XIV, *de Festis*, lib. I, cap. vii, n. 58. — P. Serry, *Exercitationes historicæ de Christo*. Oper. tom. III. On trouve à la suite de ce dernier ouvrage, ceux de l'auteur italien qui l'a combattu.

tiques italiens, résidant actuellement à Paris, et plusieurs ecclésiastiques français, qui, ayant fait un long séjour en Italie, et spécialement à Verceil, en ont soigneusement observé les plus précieux monumens ; tous ont témoigné le plus grand étonnement, en apprenant l'assertion de Baillet.

3° Enfin, non contens de ces témoignages, nous avons consulté ou fait consulter plusieurs ouvrages anciens et modernes sur l'Italie, et spécialement ceux qui ont coutume de s'étendre davantage sur les monumens religieux de ce pays. Nous avons consulté, entre autres, l'ouvrage italien de Salmon, qui a pour titre : *État présent de tous les pays et de tous les peuples du monde* (1) ; nous y avons bien trouvé une description détaillée des monumens de Verceil, et surtout de l'église cathédrale de cette

(1, *Lo stato presente di tutti i paesi e popoli del mondo. In Venezia*, 1751 : tom. XVIII; *dell'Italia, cap*. III, §. 5, pag. 166. Remarquez que cet auteur est dans l'usage de rapporter, d'après les voyageurs anciens et modernes, toutes les particularités intéressantes de l'histoire naturelle, politique et religieuse des peuples qu'il passe en revue. Il n'oublie pas les reliques des principales églises de Rome et de l'Italie. A l'article de Verceil en particulier, il parle de l'église cathédrale dédiée à saint Eusèbe, premier évêque de cette ville, du corps de ce saint qu'on y conserve, du manuscrit des Évangiles écrit de sa propre main, etc. Dans tout cet article, pas un mot sur la sainte Couronne.

ville, mais rien absolument qui puisse venir à l'appui de l'assertion de Baillet.

Supposera-t-on que tous le savans français, étrangers, et même italiens, n'ont eu aucune connoissance d'une Relique aussi importante que celle dont Baillet suppose l'existence? Autant vaudroit-il dire qu'un savant de notre nation, qui a étudié avec soin ce qui concerne les Reliques de la Passion de notre Seigneur, peut ignorer ce que tout le monde sait en France sur la sainte Couronne conservée à Paris.

Ces réflexions semblent plus que suffisantes pour persuader à tout lecteur judicieux, que l'assertion de Baillet ne sauroit ébranler en aucune manière la tradition constante, qui regarde comme authentique la sainte Couronne venue de Constantinople.

§ II. — *Histoire de la sainte Couronne depuis sa translation à Paris, en 1238, jusqu'à la révolution française* (1).

Ce fut en 1238 que Baudouin II, empereur latin de Constantinople, fit don à saint Louis de

______

(1) *Acta Sanctorum.* 25 augusti; *de S. Ludovico*, §. 30 et 37. — *Hist. eccl. de Fleury*, liv. LXXXI, n. 27. — *Hist. de l'Egl.* par Bérault-Bercastel, tom. VI, liv. XXXIX. — *Hist de l'empire de Constantinople*, par Ducange, IIe partie, pag. 114. — *Hist. du Bas-Empire*, tom. XXI, liv. XCVIII, n. 10, etc. — *Hist. de l'Egl. Gall.* tom. XI, liv. XXXI, année 1229-1240. — *Précis hist. sur la sainte Couronne*, par M. d'Astros. — Be-

cette précieuse Relique. Étant venu en France pour chercher du secours contre les Bulgares, il apprit que ses ministres, pour subvenir aux besoins extrêmes de l'Empire, songeoient à engager la sainte Couronne à des étrangers. A cette nouvelle, soit qu'il se piquât de générosité pour les bienfaits dont saint Louis l'avoit déjà comblé, soit qu'il espérât qu'un si riche présent lui attireroit infailliblement de nouvelles marques de la munificence du saint Roi, il le supplia de vouloir bien accepter la sainte Couronne. « Je sais certainement, lui dit-il, que » les seigneurs enfermés dans Constantinople » sont réduits à une telle extrémité, qu'ils se- » ront obligés de vendre la sainte Couronne à » des étrangers, ou du moins de la donner en » gage. C'est pourquoi je désire ardemment de » vous faire passer ce riche trésor, à vous, mon » cousin, mon seigneur et mon bienfaiteur, et » au royaume de France ma patrie. Je vous » prie donc de vouloir bien la recevoir en pur » don. »

ned. XIV, *de Festis*, lib. I, cap. VII, n. 58. — *De Canoniz. SS.* lib. IV, part. II, cap. XXXI, n. 11, etc. — *Hist. de la Sainte-Chapelle*, par Morand, pag. 11, etc. — *Hist. Eccl. Paris.* auct. Dubois, lib. XV, cap. IV, n. 7, etc. — *Hist. des Croisades*, par M. Michaud, tom. III, pag. 538. — *Collection complète des Mémoires sur l'Hist. de France*, publiée par M. Petitot, tom. I, pag. 497.

Saint Louis accepta cette offre avec tout l'empressement d'une piété aussi tendre que solide et généreuse, et il ne perdit pas un moment pour s'assurer un trésor si précieux, qui pouvoit lui être enlevé par divers contre-temps. Il envoya aussitôt à Constantinople deux religieux Dominicains, Jacques et André, dont l'un, ayant été prieur dans un couvent de cette ville, avoit vu plus d'une fois la sainte Couronne, et étoit bien instruit de tout ce qui la concernoit. Baudouin fit partir avec eux un de ses officiers, avec des lettres-patentes par lesquelles il ordonnoit aux seigneurs de délivrer la sainte Relique aux envoyés du Roi. Ceux-ci, étant arrivés à Constantinople, trouvèrent que les ministres de l'Empereur, pressés par une extrême nécessité, avoient déjà engagé la sainte Couronne aux Vénitiens, pour une grosse somme d'argent, à condition que, si on ne la retiroit de leurs mains dans le terme convenu, qui étoit assez court, elle appartiendroit aux Vénitiens, et qu'en attendant elle seroit transportée à Venise. Les ministres de l'Empereur, ayant lu ses lettres, convinrent avec les Vénitiens que la sainte Couronne seroit portée à Venise par les envoyés du Roi, accompagnés des ambassadeurs et des principaux citoyens de Constantinople; qu'étant arrivés à Venise, les envoyés du Roi paieroient aux Vénitiens les sommes convenues, et se chargeroient ensuite de transporter en France le sacré dépôt.

Avant de quitter Constantinople, on prit toutes les précautions propres à constater l'authenticité et la conservation de la sainte Relique. La caisse qui la renfermoit fut scellée des sceaux des seigneurs français. La confiance de ceux qui devoient la transporter éleva leur ame au-dessus de la crainte de tous les périls; car ils ne firent pas difficulté de s'embarquer vers Noël de l'année 1238, c'est-à-dire, dans la saison la moins propre à la navigation. Cette confiance fut pleinement justifiée, et le danger des tempêtes ne fut pas le seul auquel ils échappèrent heureusement. L'empereur grec Vatace, étant instruit de cette translation, mit en mer plusieurs galères pour surprendre le vaisseau des Latins avec le sacré dépôt qu'il portoit; mais la main qui le conservoit depuis tant de siècles le fit arriver à Venise sans aucun fâcheux accident.

Aussitôt qu'on y fut arrivé, on déposa la sainte Couronne dans le trésor de la chapelle de Saint-Marc. André, l'un des envoyés de saint Louis, resta pour garder la sainte Relique, tandis que Jacques, son compagnon, se rendit promptement auprès du Roi pour l'informer de l'état des choses. Le religieux monarque, ravi de joie à cette nouvelle, ne balança point à confirmer l'accord fait avec les Vénitiens; et, de concert avec l'empereur Baudouin, il renvoya Jacques à Venise, avec des ambassadeurs chargés d'ordonner aux marchands français qui se trouvoient dans cette ville, de payer les sommes promises. Sa précaution alla jusqu'à demander à Frédéric, empereur d'Allemagne, une escorte pour protéger le transport de la sainte Couronne en France. Les Vénitiens eussent bien voulu s'y opposer; mais, ne pouvant aller contre le traité, ils consentirent à l'exécution, et les ambassadeurs du Roi, ayant reconnu les sceaux, reprirent le chemin de la France. Gauthier, archevêque de Sens, que le Roi chargea dans la suite d'écrire l'histoire de cette translation (1), rapporte à ce sujet une particularité que nous ne devons pas omettre; c'est que, pendant tout ce voyage, il ne tomba pas une seule goutte de pluie sur ceux qui portoient ou qui accompagnoient la sainte Couronne, quoique le ciel fût extrêmement chargé, et qu'il plût très-souvent, lorsqu'ils étoient arrivés aux lieux où ils devoient s'arrêter.

(1) Cette relation se trouve en grande partie dans le volume des *Actes des SS.* que nous avons cité plus haut.

Quand ils furent à Troyes en Champagne, ils en donnèrent avis au Roi, qui partit aussitôt, accompagné de la Reine sa mère, des princes ses frères, de plusieurs prélats et seigneurs de sa cour. Ce fut le 10 août 1239, jour de saint Laurent, qu'on rencontra la sainte Couronne, à Villeneuve-l'Archevêque, à cinq lieues de Sens. On ouvrit d'abord la caisse de bois qui renfermoit la sainte Relique, et l'on en vérifia les sceaux, avec les actes qui en établissoient l'authenticité. On ouvrit ensuite la châsse d'argent, puis le vase d'or qui renfermoit la sainte Couronne, et on la fit voir au Roi et à tous les assistans. L'archevêque de Sens, qui étoit présent, dit qu'on se figureroit difficilement les vives émotions que le Roi, la Reine et tant d'illustres personnages qui assistoient à l'ouverture de la châsse, éprouvèrent en ce moment, par l'impression religieuse que ce spectacle excitoit dans leurs ames.

Le lendemain, onzième jour d'août, la Relique fut portée à Sens. A l'entrée de la ville, le Roi et Robert son frère, comte d'Artois, la prirent sur leurs épaules, étant l'un et l'autre nu-pieds, et vêtus d'une simple robe de laine. Ils étoient suivis des prélats et des seigneurs, qui marchoient aussi nu-pieds. Un clergé nombreux les précédoit avec les Reliques des églises voisines, et environné d'un peuple infini qui ne respiroit que la modestie et la componction. On eût dit que les sentimens du Roi avoient passé dans tous les assistans. On porta ainsi la sainte Couronne à l'église métropolitaine, où elle fut exposée le reste du jour à la vénération du peuple. Le lendemain, le Roi partit pour Paris, où se fit, huit jours après, la réception solennelle de la sainte Relique. On avoit dressé dans la campagne, près de l'église de Saint-Antoine, une estrade fort élevée, d'où l'on montra la châsse à tout le peuple. Le Roi et son frère la portèrent ensuite, sur leurs épaules, à l'église cathédrale, avec les mêmes marques d'humiliation et de respect qu'ils avoient fait à Sens. Après avoir chanté l'office, on alla déposer la châsse dans la chapelle du Palais, qui étoit alors sous l'invocation de saint Nicolas. Depuis cette époque, l'église de Paris célèbre chaque année la mémoire de cette translation solennelle, le onzième jour d'août (1).

(1) On lit dans les *Actes des Saints* (25 août, pag. 556, 557) et dans l'*Histoire de la Sainte-Chapelle*, que saint Louis fit frapper à cette occasion une médaille, représentant d'un côté l'effigie du Roi, et de l'autre la sainte Couronne posée sur une espèce de crédence, au pied de laquelle on voit la couronne de saint Louis. Le Roi et la Reine sont à genoux, adorant la sainte Relique, désignée dans l'exergue par ces mots : *Sacrum pignus*. La légende porte : *Hæc Regis toto pretiosor*

L'archevêque de Sens termine la relation déjà citée, en assurant « qu'au témoignage de » personnes très-dignes de foi, notre Seigneur » manifesta en cette occasion la vertu de la » sainte Couronne en guérissant miraculeuse- » ment plusieurs malades que la dévotion avoit » portés à vénérer cette sainte Relique (1). » Le judicieux auteur de l'*Histoire du Bas-Empire* ajoute que, « non-seulement la sainte Cou- » ronne, mais même quelques épines que nos » Rois ont permis d'en détacher, ont opéré plu- » sieurs miracles très-authentiques (2). »

Quelques années après la translation solennelle que nous venons de rapporter, saint

auro. Les auteurs que nous venons de citer donnent le dessin de cette médaille, d'après l'ouvrage intitulé : *La France métallique*, par Jacques de Bie. (*Paris,* 1636, in-fol. planche 24.) Mais ils n'ont pas fait attention que la médaille dont il s'agit, ainsi que la plupart de celles qu'on trouve dans le même recueil, étoit forgée à plaisir. J. de Bie lui-même en avertit le lecteur, dans son *Avant-Propos,* (pag. 9 et 10) où il donne des marques pour distinguer les médailles véritables d'avec celles qu'il a supposées pour compléter son recueil.

(1) *Acta SS.* 25 aug. pag. 556.

(2) *Hist. du Bas-Empire,* tom. XXI, liv. XCVIII, n. 11. Matthieu Paris, dans son *Hist. d'Angleterre,* (pag. 440) rapporte qu'en 1244 saint Louis fut guéri d'une maladie dangereuse par l'attouchement de la sainte Couronne et de plusieurs autres Reliques de la Passion du Sauveur; mais ce fait est contesté par d'habiles critiques. Vid. *Acta SS.* 25 aug. pag. 389 B.

Louis, ayant reçu de l'empereur Baudouin une portion considérable de la vraie Croix avec d'autres Reliques dont nous avons parlé ailleurs, (pag. 54) fit bâtir sur l'emplacement de l'ancienne chapelle du Palais, celle qu'on voit aujourd'hui, dont l'architecture riche et élégante surpassa tout ce qu'on pouvoit attendre à cette époque du goût et de l'habileté des ouvriers. Cet édifice, commencé vers l'an 1241, et fini en 1248, coûta au pieux monarque environ quarante mille livres de son temps, évaluées communément à huit cent mille livres de notre monnoie. L'église fut dédiée, le 25 avril 1248, sous le *titre de la sainte Couronne d'épines de notre Seigneur*. Saint Louis y établit un chapitre, qui, par ses libéralités et celles de ses successeurs, devint un des plus riches du royaume. Les auteurs de sa vie (1) rapportent qu'il eut toujours pour ce saint lieu une dévotion particulière. Tous les ans, le Vendredi-saint, il se rendoit à la Sainte-Chapelle, revêtu de ses habits royaux, et exposoit lui-même la vraie Croix à la vénération du peuple. Mais il commençoit par donner l'exemple des sentimens d'humilité avec lesquels on doit s'approcher de l'instrument de notre rédemp-

______

(1) Voyez en particulier l'*Hist. de saint Louis*, par l'abbé de Choisy, pag. 52.

tion. La tête découverte, les pieds nus, sans ceinture et sans épée, il se prosternoit d'abord à quelque distance de la Croix, et prioit Dieu quelque temps; s'avançant ensuite sur les genoux, il s'arrêtoit de nouveau pour prier. Enfin, il s'approchoit de la Croix, devant laquelle il prioit pour la troisième fois ; puis, étant prosterné, il la baisoit avec une humilité profonde.

Les successeurs de saint Louis imitèrent ce grand acte de piété, et se firent souvent un honneur d'exposer eux-mêmes la vraie Croix à la vénération des fidèles, non–seulement le Vendredi-saint, mais encore dans plusieurs autres solennités. « On lit dans les registres du » Parlement, dit l'historien de la Sainte-Cha- » pelle, qu'en 1423, en l'absence de Henri VI, » roi d'Angleterre, qui étoit maître de Paris » pendant les troubles de la faction de Bour- » gogne, la cour ordonna que le 21 avril, jour » du Vendredi–saint, le duc de Betfort, soi- » disant régent en France, et qui logeoit au » Palais, montreroit au peuple la vraie Croix, » *comme nos rois avoient coutume de faire*. Cet » usage subsistoit encore au quinzième siècle; » et Christine de Pisan, qui nous a donné l'his- » toire de Charles V, nous apprend que ce mo- » narque ne manquoit pas de s'y conformer.

» L'on trouve même dans un calendrier de l'U-
» niversité, écrit au quinzième siècle, et con-
» servé dans la bibliothèque de l'abbaye de
» Sainte-Geneviève de Paris, cet article écrit
» au 3o septembre, jour auquel plusieurs des
» saintes Reliques furent apportées à la Sainte-
» Chapelle: *Eâdem die consuevit Rex ostendere*
» *sanctam Crucem in Palatio de manè;* c'est-à-
» dire : *En ce jour, le Roi a coutume de mon-*
» *trer au peuple la sainte Croix, le matin,*
» *dans l'église du Palais* (1). »

C'est dans cette église qu'on a religieusement conservé, jusqu'à l'époque de la révolution, les précieuses Reliques de la Passion de
notre Seigneur, qui avoient été données à saint
Louis par l'empereur Baudouin II. Elles étoient
renfermées dans une châsse magnifique, dont
l'historien de la Sainte-Chapelle fait ainsi la
description : « Ce qu'on appelle la *grande*
» *Châsse* de la Sainte-Chapelle, dit-il, est une
» grande arche de bronze doré, ornée de quel-
» ques figures sur le devant. Elle est élevée sur
» une voûte gothique, sise derrière le maître-
» autel, au rond-point de l'église, et fermée
» avec dix clefs de serrures différentes, dont six
» ferment les deux portes extérieures, et les
» quatre autres un treillis intérieur à deux bat-

______
(1) *Hist. de la Sainte-Chapelle,* pag. 171.

Sceau et Signature de l'Empereur Baudouin II.

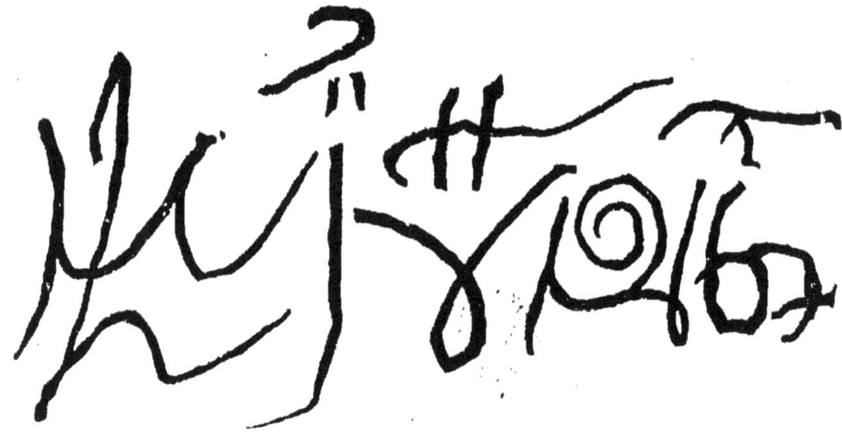

» tans.... Les Reliques y sont conservées dans
» des tableaux et des vases de cristal garnis en
» or (1). » On peut voir, dans l'*Histoire de la
Sainte-Chapelle*, un dessin exact de cette châsse,
au milieu de laquelle étoit placée la sainte Couronne, dans un reliquaire très-riche, entre la
vraie Croix et *le fer de la lance*. On trouve
dans le même ouvrage la copie authentique
des lettres de l'empereur Baudouin, datées du
mois de juin 1247, par lesquelles il confirme
la cession qu'il avoit déjà faite des saintes Reliques. L'original de ces lettres, écrit sur du
parchemin, se conservoit avant la révolution
aux archives de la Sainte-Chapelle. On y voyoit
la signature de l'empereur Baudouin, écrite en
caractères grecs avec du *cinabre*, c'est-à-dire,
avec une encre rouge d'une composition particulière, dont l'Empereur seul pouvoit se servir (2). Ces lettres, dont nous donnerons un
extrait au n. 1 des *Pièces justificatives*, étoient
scellées du sceau de l'empereur Baudouin, en
plomb doré, dont on voit ici le dessin. Le dia-

(1) *Hist. de la Sainte-Chapelle*, pag. 40.

(2) *Hist. de la Sainte-Chapelle*, pag. 67 et 68. *Pièces justificatives* du même ouvrage, pag. 7 et 8. C'est d'après cet ouvrage, que nous donnons ici un *fac simile* de la signature de
Baudouin. — Pour l'explication du sceau de cet empereur,
on peut voir aussi l'*Hist. de l'empire de Constantinople*, par
Ducange, première partie, pag. 320 et 322.

mètre de ce sceau est d'un pouce et huit lignes. On y voit, d'un côté, l'Empereur assis sur un trône enrichi de perles, la couronne en tête, revêtu de son rochet et de sa robe impériale. Il tient de la main droite une espèce de sceptre surmonté d'une croix, et de la gauche, un globe pareillement surmonté d'une croix. A l'entour, est cette inscription latine : *Balduinus Dei gratiâ Imperator Romaniæ semper Augustus.* L'autre face représente l'Empereur à cheval, vêtu comme on vient de voir, tenant d'une main la Croix, et de l'autre les rênes du cheval. Cette dernière face porte l'inscription suivante en caractères grecs de ce temps-là : Βαλδουινος δεσποτης πορφυρογεννητος ο Φλανδρης ; c'est-à-dire, Baudouin, empereur, comte de Flandre.

On voit, par ces détails, quelle étoit l'authenticité des Reliques de la Passion de notre Seigneur qui se conservoient à la Sainte-Chapelle, et avec quelles précautions elles y étoient gardées. L'*historien de cette Église* ajoute que, depuis sa fondation jusqu'en 1656, les clefs de la grande Châsse étoient toujours gardées par le Roi lui-même, ou par quelque seigneur distingué à qui le Roi les confioit, et qui ne pouvoit les prêter à personne sans un ordre exprès de Sa Majesté. Depuis 1656, le Roi les confioit d'ordinaire au premier président de la

dent de la Chambre des Comptes, qui les avoit
encore à l'époque de la révolution (1).

Baillet ignoroit vraisemblablement ces détails, lorsqu'il rapporte, sur le témoignage de
Brantôme, le bruit qui courut au seizième siècle, *que la sainte Couronne avoit été enlevée
avec la partie de la vraie Croix qu'on gardoit
à la Sainte-Chapelle depuis saint Louis* (2).
Outre que ce bruit populaire est pleinement
réfuté par la persuasion générale, qui a toujours subsisté depuis, sur la conservation de
la sainte Couronne, il est constant que l'enlèvement de ce précieux dépôt étoit impossible,
en égard aux précautions dont nous venons de
parler, ou du moins qu'il n'eût pu être effec-
tué sans devenir notoire. Il est vrai qu'en 1575,
une partie de la vraie Croix fut enlevée à la
Sainte-Chapelle, comme nous l'avons observé
ailleurs (pag. 62); mais c'étoit la partie qui
se conservoit dans la sacristie, et non celle qui
se conservoit avec la sainte Couronne dans la
grande Châsse. Ce fut même de la *grande Châsse*
que l'on tira un morceau de la vraie Croix,

(1) On trouve de plus amples détails sur ce point dans
l'*Hist. de la Sainte-Chapelle*, pag. 178, 199, 200, 205, 216,
217 et 225.

(2) Baillet, 3 mai, n. 6. *Fêtes mobiles, Vendredi-saint*,
n. 26.

pour remplacer celui qui avoit été enlevé à la sacristie.

§ III. — *Histoire de la sainte Couronne depuis la révolution jusqu'à ce jour, et description de son état présent* (1).

On a vu plus haut (2) que les Reliques de la Sainte-Chapelle, après avoir été portées à Saint-Denis au mois de mars 1791, avoient été transférées, en 1793, à l'*Hôtel des monnoies*. Là on tira la sainte Couronne de son reliquaire ; on la rompit en trois parties à peu près égales, et on en porta les débris, avec les autres Reliques de la Sainte-Chapelle et de Saint-Denis, à la *Commission temporaire des arts*, où ils furent mis sous la garde du secrétaire de cette commission, nommé Oudry. Ce fut des mains de ce dernier que l'abbé Barthélemi, un des conservateurs des médailles antiques de la *Bibliothèque nationale* (3), obtint, en 1794, les débris de la sainte Couronne, pour les conserver parmi les objets confiés à sa garde. La sainte Couronne demeura donc à la *Bibliothèque nationale* jusqu'au mois d'octobre 1804. A

____

(1) Voyez les notices déjà citées de M. l'abbé d'Astros et de M. l'abbé Coterel. Voyez aussi au n. V des *Pièces justificat.* placées à la suite de cette *Notice*, le *Procès-verbal de vérification de la sainte Couronne.*

(2) Article I, pag. 63.

(3) C'est ainsi qu'on appeloit alors la *Bibliothèque du Roi.*

cette époque, Mgr le cardinal de Belloy, archevêque de Paris, ayant été bien instruit de tous ces détails, et jugeant les circonstances favorables pour réclamer la sainte Couronne, avec plusieurs autres Reliques déposées dans le même établissement, s'adressa pour cet objet à M. Portalis, alors ministre des cultes, et ministre de l'intérieur *par intérim*. Celui-ci donna ordre à M. Millin, conservateur des médailles antiques, de donner les Reliques à l'église de Notre-Dame; et M. Millin les remit en effet, le 26 octobre 1804, à M. l'abbé d'Astros, alors grand-vicaire de Paris, et depuis évêque de Bayonne.

Ayant ainsi recouvré la sainte Couronne, Mgr l'archevêque de Paris, avant de l'exposer de nouveau à la vénération publique, se procura tous les renseignemens propres à en certifier la conservation. On peut voir, dans le *Procès-verbal* placé à la suite de cette *Notice* (1), le détail de toutes les enquêtes qui furent faites à cette époque, pour constater le transport de la sainte Couronne à Saint-Denis en 1791, et l'identité de la Couronne remise en 1804, avec celle qui avoit été déposée en 1791 au trésor de l'abbaye de Saint-Denis. Ce dernier point fut établi par les témoignages uni-

(1) Voyez le n. V des *Pièces justificatives.*

formes de plusieurs personnes d'une sagesse et d'une probité à l'abri de tout soupçon. Les PP. Dieuzi et Warenllot, anciens Bénédictins de l'abbaye de Saint-Denis, qui, en qualité de trésoriers, montroient la sainte Relique au peuple, pendant qu'elle étoit déposée dans cette abbaye, furent appelés pour la reconnoître. M. l'abbé de Boisnantier, ancien vicaire-général de Coutances, et alors vicaire à Saint-Roch, se joignit à eux, et certifia que la sainte Couronne qui venoit d'être rendue en 1804, étoit la même qu'il avoit vue en 1791, en présence des deux trésoriers déjà nommés, lorsqu'il fut chargé, par M. de Juigné, d'en aller prendre une parcelle que le Roi vouloit donner à l'abbaye de Port-Royal (1). Ces trois ecclésiastiques attestèrent avec serment l'identité qu'il s'agissoit d'établir. Leur témoignage fut confirmé depuis par MM. Sooz et Tourteau, anciens chanoines de la Sainte-Chapelle, qui eurent occasion de voir la sainte Couronne entre les mains de M. l'abbé d'Astros. A toutes ces preuves, qui n'en laissent aucune à désirer, s'en joignit cependant une autre que nous ne devons point passer sous silence. Plusieurs personnes, entre autres M. l'abbé Coterel, avoient obtenu des

____

(1) Les Dames de Port-Royal conservent encore aujourd'hui cette précieuse parcelle de la sainte Couronne.

parcelles plus ou moins considérables de la sainte Couronne, dans les divers endroits où elle avoit été successivement déposée pendant la révolution. On compara ces différentes parcelles avec la sainte Couronne rendue en 1804, et elles furent trouvées de la même nature.

Tant de témoignages réunis ayant pleinement dissipé tous les doutes, et ne permettant même plus de former à ce sujet la moindre difficulté, M_{gr} le cardinal de Belloy ne balança plus à rendre à la vénération publique une Relique si précieuse, et elle fut transférée avec une grande pompe dans l'église de Notre-Dame, le dimanche 10 août 1806.

Quelques jours avant cette auguste cérémonie, le 6 du même mois, Mgr le cardinal de Belloy avoit solennellement reconnu la sainte Couronne, dans une des salles de l'archevêché, en présence du cardinal Spina, archevêque de Gênes, des vicaires-généraux et du chapitre de Paris. Après avoir fait part à l'assemblée des témoignages qu'on vient de rapporter, Mgr le cardinal de Belloy reconnut et déclara authentique la sainte Couronne qui venoit d'être présentée aux assistans par M. l'abbé d'Astros, et permit de l'exposer désormais à la vénération des fidèles. Aussitôt après cette déclaration, la sainte Relique fut enfermée dans le reli-

quaire où on la voit aujourd'hui. C'est un tube
circulaire de cristal dont le diamètre est d'environ dix pouces et demi. Ce tube est partagé,
dans sa direction circulaire, en deux parties
égales, dont chacune est bordée d'un cercle de
vermeil un peu saillant, et garni de plusieurs
trous. Les deux parties sont jointes ensemble
par trois espèces de palmettes ou agrafes de
vermeil; et l'on a passé, dans les trous placés
autour des deux cercles de vermeil, un cordon
de soie rouge, scellé du sceau de Mᵍʳ l'archevêque. Le reliquaire, ainsi fermé, est placé
dans une châsse de cuivre doré, dont on peut
voir la description à la suite du *Procès-verbal*
déjà cité (1).

On voit, par ce *Procès-verbal*, qu'outre le
grand reliquaire de la sainte Couronne, on conserve aussi, dans le trésor de l'église métropolitaine de Paris, une portion assez considérable
de la sainte Relique, qui avoit été donnée à
M. l'abbé Coterel par l'abbé Barthélemi, pendant qu'elle étoit déposée à la *Bibliothèque nationale*. M. l'abbé Coterel donna en 1806, à l'é-
glise métropolitaine, cette portion de la sainte
Couronne pour être jointe au grand reliquaire.
Elle est enfermée dans un vase de verre cy-

____

(1) Voyez aussi la *Descript. histor. de la basilique de Notre-
Dame*, par M. Gilbert, pag. 356, etc.

lindrique, dont le diamètre est d'environ un pouce et demi, et la longueur de quatre pouces et demi. L'ouverture de ce vase est scellée du sceau de M. l'abbé Coterel. Le même procès-verbal nous apprend que, malgré les précautions qui furent prises en 1806 pour placer la sainte Couronne dans son reliquaire, on ne put empêcher qu'il ne s'en détachât plusieurs parcelles assez considérables. Ces parcelles furent distribuées par Mgr le cardinal de Belloy au cardinal Spina, aux vicaires-généraux de Paris, et aux chanoines qui étoient présens, comme on l'a vu, à la vérification de la sainte Couronne. C'est de là que viennent les parcelles de cette précieuse Relique qui ont été distribuées, dans ces derniers temps, à diverses églises, et même à quelques particuliers.

§ IV. — *Sur l'état présent de la sainte Couronne, et sur la matière dont elle est composée.*

Pour compléter cette histoire abrégée de la sainte Couronne, nous ajouterons ici quelques détails sur son état présent, et sur la matière dont elle est composée.

On doit remarquer d'abord qu'elle n'a plus aujourd'hui son ancienne forme. Les auteurs qui l'ont examinée de près, à la Sainte-Chapelle, nous apprennent qu'elle n'avoit pas seulement la forme d'un bandeau destiné à ceindre le front, mais la forme d'un bonnet destiné à couvrir toute la partie supérieure de la tête (1). La forme de bandeau qu'elle a maintenant lui a été donnée en 1806, au moment où on l'a placée dans le nouveau reliquaire.

Il est également à remarquer qu'on ne voit plus aujourd'hui aucune épine autour de la sainte Couronne. Elle en est depuis long-temps dépouillée, par suite des présens qui ont été faits successivement à diverses églises, soit avant sa translation à Paris, soit depuis cette translation. On verra sans doute avec plaisir l'énumération des principales Reliques de ce genre dont les auteurs font mention.

1° On a vu plus haut que l'abbaye de Saint-Denis avoit reçu de Charles le Chauve, au neuvième siècle, une portion de la sainte Couronne, et que le roi Philippe-Auguste lui donna encore, en 1205, une sainte épine qui lui avoit

____

(1) Serry, *Exercit. hist.* LIII, n. 8. — Bened. XIV, *de Festis,* lib. I, cap. VII, n. 59, etc.

été envoyée par Baudouin Ier, empereur de Constantinople.

2° Ranulphe, historien anglais très-estimé, parle, dans sa *Chronique* (1), d'une portion de la sainte Couronne, et de quelques autres Reliques de la Passion de Jésus-Christ, qui furent données par l'empereur Othon Ier au roi d'Angleterre Ethelstan, vers l'an 960, et dont celui-ci donna une partie à l'église de Malmesbury. Nous ignorons si ces précieuses Reliques existent encore aujourd'hui en Angleterre.

3° L'église de Trèves conserve une portion de la sainte Couronne, longue environ de cinq ou six pouces, s'il en faut juger par le dessin qu'on en voit dans le *Dictionnaire de la Bible* de D. Calmet (au mot *Lance.*) C'est une branche d'épines garnie de plusieurs pointes, dont la principale a plus d'un pouce de long. On dit que cette précieuse Relique a été envoyée à Trèves par sainte Hélène (2).

4° On conserve une Relique du même genre dans l'église du palais électoral de Munich, en Bavière. Un savant botaniste de nos jours, qui a vu un dessin exact de cette branche d'épines,

(1) Ranulph. apud *Genebrard. Chronol.* lib. IV, pag. 565.
(2) *Annales de Trèves*, par Browerus, tom. I, liv. IV, n. 11, etc. pag. 218, etc. 576, etc. — *Dict. de la Bible* de D. Calmet, art. *Lance.*

croit qu'elle provient d'une espèce de nerprun (*rhamnus.*) Benoît XIV nous apprend que cette branche est garnie de cinq pointes, et que le pape Innocent XI permit, en 1681, à l'église de Munich de célébrer chaque année une fête en l'honneur de cette précieuse Relique, le lundi de la semaine de la Passion (1).

5° Plusieurs églises de Cologne croient posséder aussi des épines ou d'autres portions de la sainte Couronne. On peut voir l'indication de ces églises dans l'ouvrage intitulé : *Sacrarium Agrippinæ :* (*Coloniæ,* 1607, in-12, pag. 66, 73, 156, 205, 244 et 265.)

6° On conserve à Rome, dans l'*église de Sainte-Croix de Jérusalem,* deux saintes épines que l'on croit y avoir été apportées ou envoyées par sainte Hélène. Ces deux épines, aussi bien que celles dont nous allons parler sous les trois numéros suivans, sont très-longues et très-aiguës, au témoignage des auteurs qui les ont vues de près (2).

7° L'église de la confrérie de la Charité, à Venise, possède une branche d'épines armée de quatre pointes que l'on croit être teintes du

---

(1) Bened. XIV, *de Canoniz.* lib. IV, part. II, cap. xiv, n. 15.

(2) Venuti, *Roma moderna.* In Roma, 1757, 4 vol. in-12; tom. I, pag. 53. — Bartholinus, *de Cruce,* pag. 164.

sang de notre Seigneur. La tige à laquelle ces pointes sont attachées semble annoncer de véritables épines de bois, au témoignage de Malloni, qui les avoit examinées de près (1).

8° Le même auteur nous apprend qu'on montre à Bologne une sainte épine, dans l'église de Saint-Dominique, et une autre dans l'église des Chartreux, dédiée à saint Jérôme.

9° Il ajoute que l'église cathédrale de *Citta-di-Castello*, dans le duché d'Urbin, possède une sainte épine très-longue, à laquelle est attaché un des cheveux du Sauveur encore teint de son sang.

10° L'église de *Tarraga*, au diocèse de *Solsona*, en Catalogne, possède deux saintes épines, dont le pape Clément VIII paroît avoir reconnu l'authenticité, en accordant, par un Bref du 11 septembre 1604, de grandes indulgences aux fidèles qui les visiteront avec dévotion (2).

La plupart des saintes épines dont nous venons de parler paroissent avoir été détachées de la sainte Couronne, et données aux églises qui les possèdent, avant sa translation à Paris. Il nous reste à parler des églises qui ont ob-

______

(1) Voyez Malloni, *de sacra Sindone*, cap. XII, pag. 193 et 195.

(2) Bened. XIV, *ubi suprà*, n. 12.

tenu de semblables Reliques depuis cette translation.

11° L'histoire de Notre-Dame du Puy nous apprend que, le jour même où saint Louis reçut la sainte Couronne à Sens, il en tira une épine dont il fit présent à Bernard, évêque du Puy, qui l'avoit accompagné dans son voyage. L'église de Notre-Dame du Puy conservoit encore cette précieuse Relique à l'époque de la révolution (1). Il paroît qu'elle fut alors transportée à Saint-Étienne en Forez, où on la conserve aujourd'hui.

12° Des monumens authentiques nous apprennent que saint Louis donna encore de saintes épines (2) aux chapitres de Valence et de Tolède en Espagne; au bienheureux Barthélemi de Brégance, évêque de Vicence dans l'état de Venise; à l'abbaye du Bourg-Moyen de

____

(1) Odon de Gessey, *Hist. de Notre-Dame du Puy*, liv. III, chap. XIII. — *Hist. de l'Empire de Constantinople*, par Ducange, part. II, pag. 117. — *Gallia Christ.* tom. II.

(2) Voyez, sur ces différentes donations, Baillet, 3 *mai.* — Godescard, 25 *août*, pag. 444; et le *Supplément*, pag. 75. — Martene, *Veterum Script. Collectio*, tom. I, pag. 1348. Ces auteurs ne parlent point de la donation faite par saint Louis, en 1256, au chapitre de Valence en Espagne; mais nous avons sous les yeux une copie authentique de l'acte de cette donation, communiquée depuis peu à Mgr l'archevêque de Paris par M. le chevalier de Mézière, et que nous avons cru devoir insérer parmi les *Pièces justificatives* de cette *Notice* (n. VI.)

Blois, à celle de Saint-Éloi près d'Arras, et aux Cordeliers de Séez.

13° Enfin, dit Baillet (1), « de toutes les » églises qui prétendent avoir des épines de » la sainte Couronne,..... il n'y en a presque » pas qui ne reconnoisse les avoir eues de la » Sainte-Chapelle..... Le roi Jean Ier en donna » une à l'empereur Charles IV, qui en fit in-- » stituer une fête, en 1367, par le pape Inno- » cent VI, pour l'Allemagne et la Bohême. C'est » de là aussi que viennent celles que l'on garde » (à Paris) à Saint-Eustache, à Saint-Germain- » l'Auxerrois, aux Saints-Innocens, à Saint- » Barthélemi, aux Mathurins, aux Carmes de » la place Maubert, à Port-Royal des Champs, » à Port-Royal de la Ville, qui a eu la dernière » qui restât à la sainte Couronne (2). » On doit remarquer que Baillet écrivoit ceci au commen-cement du dernier siècle, et que, depuis cette époque, toutes les églises de la capitale ont été dépouillées de leurs plus précieuses Reliques.

(1) Baillet, 3 *mai*, n. 6; *Vendredi-saint*, n. 26.

(2) Cette dernière épine avoit été donnée, sous Louis XIII, à M. de La Poterie, qui la prêta, en 1656, aux religieuses de Port-Royal. Ce fut à cette occasion qu'arriva, s'il en faut croire les écrivains de Port-Royal, le miracle de la sainte épine, dont la vérité a été fortement contestée. Voyez les *Mé-moires de Tillemont*, tom. VII, pag. 10. — *Notice sur Port-Royal*, par M. Petitot, pag. 152, etc.

II. Matière de la sainte Couronne.

Étant examinée de près, elle offre l'aspect d'un assemblage de plusieurs tresses d'une paille très-forte et très-touffue, assez semblable à une espèce de *jonc* ou de *sainfoin*. Toutefois les savans qui ont traité cette question avec le plus de soin ne s'accordent pas entre eux sur la nature de la sainte Couronne (1). Les uns la croient composée d'*épines proprement dites*, c'est-à-dire de véritables épines de bois, telles que l'aubépine, l'espèce de buisson qu'on nomme en latin *rubus* ou *sentis*, ou une espèce de nerprun (*rhamnus*) assez commune en Palestine et aux environs de Jérusalem. D'autres la croient de l'espèce de *jonc marin* qu'on nomme en latin *juncus acutus* ou *maritimus*, dont la tige se termine en pointe (2). Quoique cette opinion

(1) Voyez Gretser, *de Cruce*, tom. I, lib. I, cap. XII. — Malloni, *de sacra Sindone*, cap. XII et XIII. — Baillet, *Fêtes mobiles, Vendredi-saint*, n. 26. — *Dict. de la Bible* de D. Calmet, art. *Couronne, Épines*. — Serry, *Exercit. hist.* LIII, n. 8. — Sandini, *Hist. sacræ Famil.* cap. XV, n. 3 et 4. — Ben. XIV, *de Festis*, lib. I, cap. VII, n. 57. — Thom. Bartholin, *de Cruce Christi, hypomnemata* IV. Amsterdam, 1670, in-12, part. III. — Bosius, *de Cruce*, lib. I, cap. XIV. — Joan. Ferrand. *Disquisitio Reliquiaria*, lib. I, cap. I, sect. V.

(2) Il ne faut pas confondre le *jonc marin* dont nous parlons ici (*juncus acutus*) avec une autre espèce de *jonc marin* qu'on appelle en français *ajonc* (en latin *ulex.*) Il paroît cer-

soit la plus commune parmi les auteurs modernes, elle ne laisse pas d'être contredite,
même par quelques-uns de ceux qui ont vu
de près la sainte Relique. Nous verrons bientôt ce qui a pu donner lieu à cette diversité
d'opinions, qui a fait dire à Benoît XIV qu'on
ne pouvoit rien dire aujourd'hui de certain sur
la matière de la sainte Couronne.

Il paroît, en effet, que cette question ne peut
être aujourd'hui décidée, ni par le témoignage
des anciens auteurs, ni même vraisemblablement d'après l'inspection de la sainte Couronne.
Le mot grec (ακανθα) dont les anciens Pères grecs
se servent d'après les écrivains sacrés (1), est
un terme général qui ne signifie pas seulement
l'épine proprement dite, mais toute espèce de
plante et d'arbrisseau armé de pointes (2). Il
est vrai que saint Clément d'Alexandrie (3) désigne la sainte Couronne par un mot grec (βατος)
qui signifie *buisson*, et par conséquent une
épine proprement dite; mais il n'emploie cette
expression que pour faire, comme il le dit lui-
même, un rapprochement mystique entre la

tain que la sainte Couronne qui se conserve à Paris n'a aucun rapport avec cette dernière espèce de *jonc marin*.

(1) Matth. XXVII, 29.

(2) Voyez en particulier Schleusner, *Lexicon græc. lat. in
Nov. Test.* Lipsiæ, 1801, in-8°.

(3) Clem. Alex. *Pædag.* lib. II, cap. VIII.

Couronne de Jésus-Christ et le buisson ardent où Dieu se montra autrefois à Moïse; et dans le passage même dont nous parlons, le saint docteur emploie indifféremment le mot buisson (βατος), et le terme général (ακανθα) dont se servent les autres Pères.

L'inspection même de la sainte Couronne ne paroît pas fournir le moyen de décider aujourd'hui la question dont il s'agit. Il suffit, pour s'en convaincre, de faire attention au partage de sentimens qui existe sur ce point entre les savans qui ont examiné de près la sainte Relique. D'ailleurs il est aisé de comprendre que l'action du temps a pu altérer sa matière au point de la rendre méconnoissable. Aussi un savant botaniste de nos jours, après l'avoir soigneusement examinée, n'a-t-il pas cru pouvoir en déterminer l'espèce particulière. Au premier abord, l'opinion des auteurs qui la croient de *jonc marin* lui avoit paru assez vraisemblable; mais un examen plus attentif l'a obligé de suspendre là-dessus son jugement.

Quelques auteurs ont été jusqu'à prétendre qu'on ne pouvoit même pas supposer que la Couronne du Sauveur eût été de *jonc marin*, soit parce que cette plante ne croît que sur les bords de la mer, dont Jérusalem est assez éloignée, soit parce que le *jonc marin*, n'ayant d'épines qu'à l'extrémité, et non dans la longueur de sa tige, n'eût pas été assez propre au dessein que les soldats se proposoient, de tourmenter le Sauveur (1).

La première raison alléguée par ces auteurs paroît démentie par des faits constans. Le savant botaniste que nous venons de citer pense, avec les meilleurs auteurs qui aient écrit sur cette matière, que le *jonc marin* peut croitre à une grande distance de la mer, dans certaines espèces de terrains plus chargés de sels que ne sont les terrains ordinaires. D'ailleurs, quand il seroit vrai que le *jonc marin* ne croit pas aux environs de Jérusalem, il ne seroit pas étonnant que les soldats qui firent la Couronne du Sauveur eussent rencontré quelques touffes de cette plante, qui auroient été apportées à Jérusalem avec des marchandises, ou d'autres objets venus des bords de la mer. Rien n'est si commun que de voir dans un pays des touffes de végétaux étrangers, qu'on y a transportés avec des marchandises venues de divers lieux plus ou moins éloignés.

La seconde raison alléguée par les auteurs dont nous venons de parler ne paroit pas mieux établir leur opinion. En effet, quoique le *jonc*

____

(1) *Baronii Annales,* ad ann. 34, n. 89.

marin n'ait d'épines qu'à l'extrémité de sa tige, on conçoit aisément que les soldats ont pu réunir un assez grand nombre de tiges pour tourmenter le Sauveur. D'ailleurs rien n'empêche de supposer que le *jonc marin* ait été employé par les soldats, pour lier et assembler d'autres espèces d'épines. Il semble même assez naturel de penser que les soldats se servirent du *jonc marin*, ou de quelque autre plante herbacée, pour lier et maintenir les épines dont ils vouloient former la couronne qu'ils destinoient à Jésus-Christ. Cette supposition semble confirmée par l'examen des saintes épines que l'on vénère en différentes églises. Plusieurs de ces épines, au jugement des auteurs qui les ont vues de près, sont d'une matière tout-à-fait différente du *jonc marin* : ce sont de véritables épines de bois, très-longues et très-aiguës, quelquefois même de petites branches de bois épineux, qui semblent annoncer une espèce de nerprun, (*rhamnus*) autant qu'on en peut juger par les dessins qui s'en trouvent dans les ouvrages que nous avons cités plus haut. Telles sont en particulier les saintes épines que l'on vénère à Trèves, à Munich, à Venise, etc., et dont l'authenticité est reconnue par les évêques de ces différentes églises, ou même par le saint siège, qui a autorisé les fêtes établies en l'honneur de ces précieuses Reliques. Nous avons sous les yeux une de ces épines, qui se conservoit autrefois, à Paris, dans *l'église de l'Assomption*, et dont l'authenticité est reconnue par l'autorité ecclésiastique. Elle a environ deux pouces de long, et à peine une ligne d'épaisseur à sa base. Elle est blanche dans toute sa longueur, et noire à sa base, c'est-à-dire, à l'endroit où elle a été arrachée de sa tige. Sa couleur et sa forme, au témoignage du savant botaniste que nous avons déjà cité, annoncent assez clairement l'épine que Linné, avec les botanistes anciens, appelle *rhamnus spina Christi*, et les botanistes modernes *zizyphus spina Christi*.

Ces observations servent à expliquer la diversité d'opinions qui existe entre les auteurs sur la nature de la sainte Couronne. L'ancienneté seule de ce pieux monument, la grande ressemblance qui se trouve au premier abord entre le *jonc marin* et la matière de la sainte Couronne qui se conserve à Paris, la diversité des matières qui furent vraisemblablement employées par les soldats pour former la Couronne du Sauveur, le plus ou moins d'attention et d'habileté de la part de ceux qui ont examiné les différentes Reliques de ce genre qui se conservent en plusieurs églises, toutes ces circonstances ont dû naturellement donner lieu à bien des sentimens opposés sur la nature de la sainte Couronne.

Les mêmes observations peuvent servir à corriger plusieurs assertions inexactes ou hasardées que l'on rencontre sur cette matière dans quelques auteurs. Partant de cette supposition, que la Couronne de notre Seigneur ne pouvoit se composer d'un assemblage de diverses productions végétales, Baillet en conclut que « les » saintes épines qu'on montre à Rome, à Bolo- » gne, et en d'autres endroits d'Italie, ne vien- » nent pas de la même source que la sainte » Couronne de Paris (1). » Le P. Serry va encore plus loin, en soutenant qu'on ne doit regarder comme de véritable épines de notre Seigneur que celles de *jonc marin*, et que toutes les autres, que l'on montre en divers lieux, *sont indubitablement supposées* (2). Toutes ces assertions sont manifestement hasardées, puisqu'elles supposent comme certains plusieurs points très-douteux, savoir, que la Couronne de notre Seigneur étoit de *jonc marin*, et sans aucun mélange d'autres productions végétales.

Ajoutons cependant, avec plusieurs savans

---

(1) Baillet, *Fêtes mobiles, Vendredi-saint*, n. 26.
(2) Serry, *ubi suprà*.

auteurs (1), qu'on ne doit pas juger facilement de la nature de la sainte Couronne d'après la nature des saintes épines que l'on vénère en différentes églises, à moins qu'on n'ait d'ailleurs des preuves certaines de leur authenticité, parce que la difficulté ou l'impossibilité d'obtenir des épines de la sainte Couronne a quelquefois engagé à les imiter, aussi bien que les autres instrumens de la Passion de Jésus-Christ, pour satisfaire la dévotion des peuples.

(1) Alban Butler, 5 *mai;* note de la pag. 72. — Gretser, *de Cruce*, lib. I, cap. xcvii, pag. 296. — *Réflexions sur l'usage et les règles de la Critique*, par le P. Honoré de Sainte-Marie, tom. III, pag. 381 et 412.

ARTICLE III.

DES CLOUS QUI ONT SERVI AU CRUCIFIEMENT DE NOTRE SEIGNEUR (1).

On a vu plus haut (2) que sainte Hélène avoit trouvé, avec la Croix de Jésus-Christ, les Clous qui avoient servi à le crucifier. La plupart des anciens auteurs qui rapportent ce fait ne disent pas quel étoit le nombre des Clous; mais on convient généralement qu'il n'y en avoit pas moins de trois. Benoît XIV pense même, avec saint Grégoire de Tours (3), et avec plu-

---

(1) *Baronii Annales,* ad ann. 526. — *Acta SS. de sancta Helena,* 18 aug. § 9. — P. Serry, *Exercit. hist.* LV, n. 3 et seq. — Sandini, *Hist. sacr. Famil.* cap. XV, n. 13, etc. — Bened. XIV, *de Festis,* lib. I, cap. VII, n. 87; cap. XIV, n. 21. Idem, *de Canoniz. SS.* lib. IV, part. II, cap. XXV, n. 2–7; cap. XXXI, n. 17. — Corn. Curtius, *de Clavis Dominicis liber.* Antuerpiæ, 1670, in-12. — Baillet, *Vies des Saints,* 3 mai, n. 5 et 6. *Fêtes mobiles, Vendredi-saint,* art. VIII. — Gretser, *de Cruce,* tom. I, lib. I, cap. XIX, XX et XCIII. — Joan. Ferrandus, *Disquisitio Reliquiaria,* lib. I, cap. I, sect. III. — *Réflexions sur les règles et sur l'usage de la Critique,* par le P. Honoré de Sainte-Marie, tom. III, Ve dissert. art. V. — *Mémoires de Tillemont,* tom. VIII, pag. 9.

(2) Art. I, pag. 7.

(3) Greg. Turon. *de Gloria Mart.* cap. VI.

sieurs savans modernes qui ont soigneusement traité cette question, qu'il devoit y en avoir quatre, soit parce que les anciennes images du crucifix représentent le Sauveur attaché à la Croix avec quatre Clous, soit parce qu'il seroit difficile de supposer que les deux pieds eussent été attachés à la Croix avec un seul Clou, sans qu'il se brisât quelqu'un des os, ce qui seroit contraire à cette parole de l'Écriture : *Vous ne briserez aucun de ses os* (1).

Mais que sont devenus les Clous trouvés par sainte Hélène avec la Croix du Sauveur? Quelle est en particulier l'origine des saints Clous que l'on conserve aujourd'hui dans l'église métropolitaine de Paris? Voilà deux questions que nous devons examiner ici en peu de mots.

PREMIÈRE QUESTION.

Que sont devenus les Clous trouvés par sainte Hélène avec la Croix du Sauveur (2)?

Les anciens auteurs nous apprennent que sainte Hélène attacha un des saints Clous de notre Seigneur au *diadème* ou au *casque* de

(1) Joan. xix, 36.

(2) Sur l'usage que sainte Hélène fit des saints Clous, on peut consulter S. Ambroise, *de Obitu Theod.* n. 44, etc. Oper. tom. II, pag. 1210, 1211. — S. Cyrille d'Alexandrie, ad cap. xiv Zach. — Rufin, Socrate, Sozomène et Théodoret, *ubi suprà*.

Constantin, et qu'elle lui fit d'un autre Clou un frein de cheval, pour lui servir de sauvegarde dans les périls de la guerre; « en quoi, dit un » écrivain moderne, elle suivit sans doute plu- » tôt les sentimens de la piété maternelle, que » les règles de la piété chrétienne, qui deman- » doient qu'une chose si sainte fût tenue avec » plus de respect (1). » Nous remarquerons en passant que cette réflexion, qui semble si na- turelle au pieux auteur que nous venons de ci- ter, ne paroît pas s'être présentée à l'esprit des anciens auteurs, et particulièrement de saint Ambroise, qui, loin de trouver ici la plus lé- gère inconvenance dans la conduite de sainte Hélène, y trouve la matière d'un grand éloge. Voici les propres expressions du saint docteur: « *Quæsivit (Helena) Clavos quibus crucifixus* » *est Dominus, et invenit. De uno Clavo frenos* » *fieri præcepit, de altero diadema intexuit :* » *unum ad decorem, alterum ad devotionem* » *vertit..... Misit itaque filio suo Constantino* » *diadema gemmis insignitum;.... misit et fre-* » *num. Utroque usus est Constantinus... Rectè* » *in capite Clavus, ut ubi sensus est, ibi sit* » *presidium. In vertice corona, in manibus ha-* » *bena. Corona de cruce (id est, de Clavo cru-*

______

(1) Giussano, *Vie de S. Charles Borromée*, liv. IV, chap. IV, pag. 555.

» cis) *ut fides luceat : habena quoque de cruce,*
» *ut potestas regat* (1). »

Quoi qu'il en soit de ces réflexions, saint Grégoire de Tours suppose que sainte Hélène employa deux Clous au frein, et saint Jérôme vient à l'appui de cette assertion (2). Le premier de ces auteurs assure que, de son temps, on voyoit encore ce frein, et que l'empereur Justin en avoit récemment éprouvé la vertu contre les démons. Il ajoute que sainte Hélène fit jeter un autre saint Clou dans la mer Adriatique, pour apaiser les tempêtes qui y étoient très-fréquentes, et que sa foi fut pleinement exaucée, la navigation étant, depuis cette époque, beaucoup plus sûre et plus tranquille dans cette mer. Le saint docteur ne dit pas que l'Impératrice, après avoir plongé le saint Clou dans la mer, l'en ait retiré; mais le profond respect de sainte Hélène pour une Relique si précieuse ne permet guère de supposer qu'elle ait consenti à se priver pour toujours, et à priver l'Église elle-même, d'un si grand trésor.

Au reste, rien n'oblige de croire qu'on ait attaché au diadème ou au casque de l'Empereur, et au frein de son cheval, des Clous en-

(1) S. Ambroise, *de Obitu Theod.* ubi suprà.
(2) S. Greg. Turon. *de Gloria Mart.* cap. VI. — S. Hieron. in caput ultimum Zachariæ. Oper. tom. III, pag. 1805.

tiers. Le travail nécessaire pour leur donner ces nouvelles formes dut naturellement en détacher quelques parties, qu'on a pu employer ensuite à d'autres usages, et surtout à satisfaire la dévotion de diverses églises. En effet, Théodoret dit expressément que sainte Hélène attacha seulement au casque de l'Empereur *une partie des saints Clous* (1), et plusieurs anciens monumens supposent qu'il avoit aussi une lance et une épée dans lesquelles on avoit enchâssé quelques parcelles des saints Clous (2). On croit que ces derniers objets furent donnés dans la suite à l'empereur·Othon Ier, qui les transmit, du moins en partie, au roi d'Angleterre Ethelstan (3).

Il seroit assez difficile de suivre en détail l'histoire des saints Clous, et des différentes parcelles qui ont pu en être détachées à diverses époques. Toutefois il paroît qu'on les a conservés, pour la plupart, à Constantinople jusqu'à l'an 55o. C'est ce qui résulte du serment par lequel le pape Vigile, qui étoit alors en cette ville, promit à l'empereur Justinien

(1) Théodoret, *ubi suprà*, lib. I, cap. xviii.

(2) Luitprand, *Hist.* lib. IV, cap. xi et xii. — Guillaume de Malmesbury, *de Gestis Anglorum;* apud Curtium, *de Clavis Dominicis,* cap. viii.

(3) Ranulphus, apud Genebrard. *Chronol.* lib. IV, pag. 565. — Curtius, *ibid.*

de condamner les *trois Chapitres* (1). Il le promit *en jurant par la vertu des saints Clous, et par la vertu du frein sacré* (2). Depuis cette époque, les saints Clous furent transportés en Occident, vraisemblablement par saint Grégoire le Grand, qui avoit été légat du saint siège à Constantinople, d'où il revint à Rome en 585 *avec de très-précieuses Reliques* (3), parmi lesquelles il s'en trouvoit quelques-unes de la Passion de Jésus-Christ, comme nous l'avons déjà remarqué.

Quoi qu'il en soit de cette conjecture, il est certain qu'un grand nombre d'églises se glorifient aujourd'hui de posséder des portions plus ou moins considérables des saints Clous de notre Seigneur. Nous donnerons ici la liste de ces églises, d'après Juste Fontanini, un des auteurs qui ont traité cette matière avec plus d'érudition et de critique (4); et nous donnerons en

(1) On sait que les *trois Chapitres* étoient divers écrits de Théodore de Mopsueste, d'Ibas, évêque d'Edesse, et de Théodoret, évêque de Cyr. Ces *trois Chapitres* furent condamnés en 553, dans le concile de Constantinople, cinquième œcuménique, comme infectés des erreurs de Nestorius.

(2) Baluz. *Addenda ad Concil. œcumen. V.* Nov. Collect. tom. 1, pag. 1544.

(3) *Baron. Annal.* ad ann. 586, n. 25.

(4) Fontanini, *Dissert. de Corona ferrea.* Romæ, 1717, in-4°, cap. XIII, n. 5.

même temps, sur quelques-uns des saints Clous, les principaux renseignemens qui sont venus à notre connoissance.

1° On voit à Rome, dans *l'église de Sainte-Croix de Jérusalem,* un saint Clou que l'on croit y avoir été porté ou envoyé par sainte Hélène, après l'invention de la sainte Croix. Nous en donnons ici le dessin d'après l'ouvrage de Bosius (1), qui assure en avoir fidèlement représenté la forme et la longueur. Ce saint Clou, long de quatre pouces trois lignes, est privé de sa pointe, et réduit ainsi aux deux tiers de la longueur qu'il a dû avoir autrefois, autant qu'on en peut juger par sa forme présente. Nous l'avons représenté, d'après Bosius, dans ses deux principaux points de vue, afin qu'on pût mieux remarquer les différens endroits dans lesquels il a été limé; et nous avons aussi représenté la forme que devoit avoir la pointe dont il est aujourd'hui privé. Le même auteur, et après lui Fontanini (2), conjecturent que cette pointe fut attachée au *diadème* ou au *casque* de Constantin, d'où est venue la *couronne de fer,* dont nous allons parler.

2° Cette couronne, qui servoit autrefois au couronnement des empereurs d'Occident, et

(1) Bosius, *de Cruce*, lib. 1, cap. xv, pag. 99.
(2) Fontanini, *ubi suprà*, cap. 1, n. 7.

La Couronne de Fer.

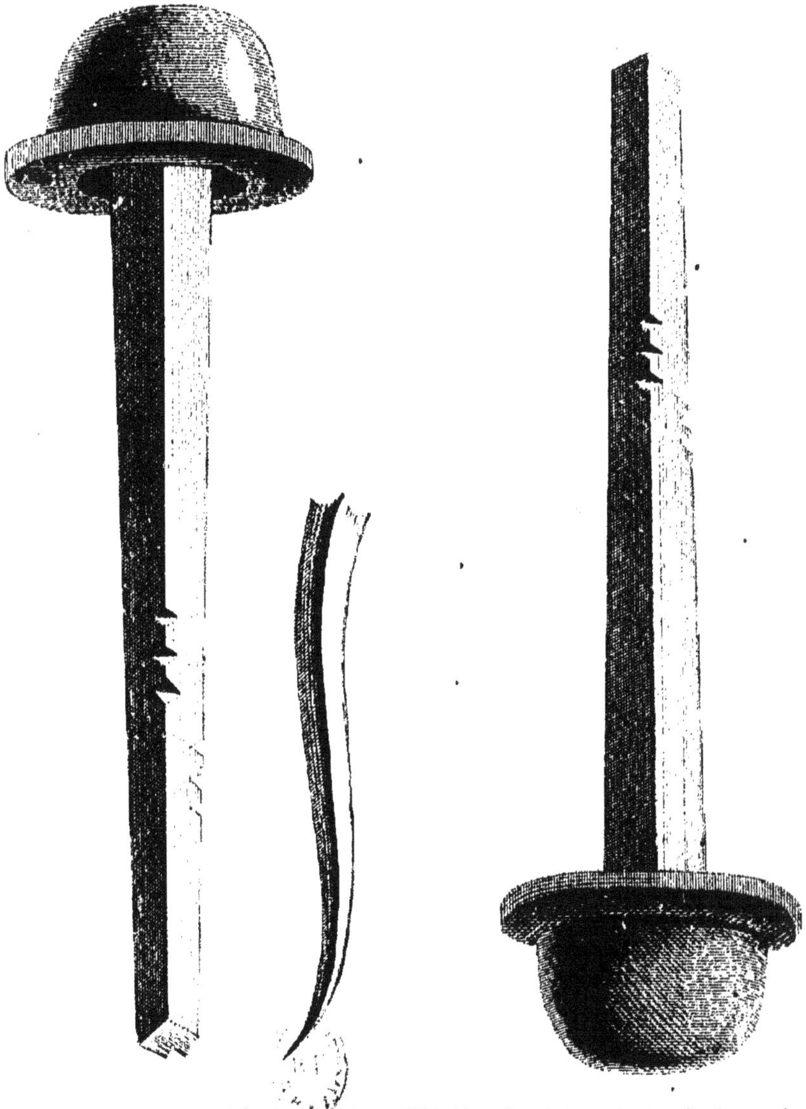

Saint Clou conservé à Rome dans l'Église de Sainte-Croix de Jerusalem.

qui se conserve encore aujourd'hui dans l'église de Saint-Jean-Baptiste, à Monza, près de Milan, est une des plus célèbres Reliques de la Passion du Sauveur, et l'une de celles qu'on a examinées avec plus de soin dans ces derniers temps. Voici la description qu'en fait Juste Fontanini, dans l'excellente *Dissertation* qu'il a composée sur cette matière (1).

La *couronne de fer*, dit-il, est une lame de fer circulaire, très-mince, et attachée à la partie intérieure d'une couronne d'or très-pur. Cette lame de fer, qui a donné son nom à la couronne entière, a tout au plus la hauteur d'un petit doigt. Sa circonférence intérieure est d'environ dix-neuf pouces (2). La couronne d'or a trois doigts de hauteur, et environ cinq de largeur, en sorte qu'elle ne peut ceindre le

(1) Fontanini, *ubi supra*, cap. IV, pag. 45; VIII, 79. — Voyez aussi Muratori, *Dissert. de Corona ferrea*. Mediolani (*Lipsiæ*), 1719, pag. 11, 139, 172.

(2) Voici les expressions de Fontanini : « *Coronæ ambitus* » *interior extenditur ad duos palmos Romanos architectonicos,* » *tresque uncias et semis, quæ mensuram quatuor digitorum* » *efficiunt. Totus hic ambitus viginti septem unciis et semis* » *mensuræ architectonicæ Romanæ conficitur.* (pag. 45.) » On sait que le palme romain est de huit pouces trois lignes et demie. Il se divise en douze onces, dont chacune équivaut à huit lignes un quart; d'où il résulte que la circonférence de la *couronne de fer* est d'environ dix-neuf pouces, et son diamètre d'environ six pouces.

front d'un homme fait, mais seulement lui couvrir la plus haute partie de la tête. Elle est ornée de vingt-deux pierres précieuses de différentes couleurs. Elle n'a ni rayons ni fleurons,
et elle est entièrement vide dans sa partie supérieure, à la manière de plusieurs anciennes
couronnes du moyen âge, citées par Fontanini.
Cet auteur a mis à la tête de sa *Dissertation*
un dessin exact de la couronne de fer, d'après
lequel a été tracé celui qu'on voit ici.

C'est une tradition immémoriale dans l'église
de Monza, que la petite *lame de fer*, attachée
à la couronne d'or dont on vient de parler, a
été faite avec un des Clous qui ont servi au
crucifiement de notre Seigneur, et que cette
couronne fut donnée par saint Grégoire le
Grand, vers la fin du sixième siècle, à Théo-
delinde, reine des Lombards, qui la déposa
dans l'église de Saint-Jean-Baptiste de Monza.
L'autorité de cette tradition fut soigneusement
examinée à Rome, au commencement du dernier siècle, à l'occasion des difficultés qui avoient
été élevées à ce sujet par un grand-vicaire de
Milan. Après un mûr examen, la congrégation
des Rits rendit, en 1717, un décret qui auto-
risoit le chapitre de Monza à exposer, comme
auparavant, la *couronne de fer* à la vénération
publique, avec les autres Reliques de la Pas-

sion de Jésus-Christ. Benoît XIV, qui faisoit alors dans la congrégation l'office de *promoteur de la foi*, a donné depuis le résumé de cette controverse, dans son traité *de la Canonisation des Saints* (1). Il avoit d'abord incliné à l'opinion de Muratori, qui étoit contraire à la tradition dont il s'agit; mais les raisons de cet auteur lui parurent ensuite solidement réfutées par Fontanini, dont l'opinion fut suivie par la congrégation.

3° L'église métropolitaine de Milan possède aussi un saint Clou que l'on croit avoir servi au frein de cheval de Constantin. Ce Clou fut limé en 1649, par ordre de l'archevêque de Milan, pour satisfaire la dévotion de Marie-Thérèse d'Autriche, alors infante d'Espagne, et depuis épouse de Louis XIV, qui désiroit ardemment avoir quelques parcelles d'une si précieuse Relique (2).

On en possédoit autrefois de semblables, au témoignage de Fontanini,

4° A *Torno*, sur le lac de Come, dans le Milanez.

(1) Bened. XIV, *de Canoniz.* lib. IV, part. II, cap. XXV, n. 2-7.

(2) Fontanini, *ibid.* pag. 11 et 15. — Bosius, *de Cruce*, pag. 102, C. — Curtius, *de Clavis Domin.* pag. 87. — *Vie de S. Charles Borromée*, par Giussano, liv. IV, chap. IV.

5°, 6°, 7° A *Venise*, dans les églises Patriarcale et Ducale, et dans celle des Clarisses.

8° A *Torcello*, (duché de Venise) dans l'église de Saint-Antoine.

9° A *Spolette*, (États de l'Église) dans l'église de Saint-Sauveur.

10° A *Ancône*, dans l'église cathédrale.

11° A *Sienne*, en Toscane, dans l'église de l'hôpital de Sainte-Marie de l'Échelle.

12° A *Colle*, en Toscane.

13° A *Naples*, dans le monastère de Sainte-Patrice.

14° A *Catane*, en Sicile.

15° En *Espagne*, dans l'église de Saint-Laurent du bourg de l'Escurial, à sept lieues de Madrid.

16° A *Carpentras*, dans le Comtat Venaissin.

17°, 18° A *Paris*, dans le monastère de Saint-Denis, et dans celui des Carmes. Nous verrons bientôt que le saint Clou de l'ancienne abbaye de Saint-Denis se trouve aujourd'hui dans l'église métropolitaine de Paris.

19° A *Trèves*, en Allemagne. On dit que ce saint Clou a percé le pied droit de Jésus-Christ, et qu'il a servi au frein de cheval de Constantin (1). On peut en voir le dessin dans le *Dic-*

____

(1) Voyez les *Annales de Trèves*, par Browerus, liv. IV,

tionnaire de la Bible de D. Calmet, au mot *Lance*. Sa longueur est de six pouces et demi; mais il est privé de sa pointe.

20° A *Toul*, en Lorraine. On ne possède en cette ville qu'un simple fragment de Clou, long de quatre à cinq lignes, et qui paroît être une portion de celui de *Trèves* (1).

21° A *Aix-la-Chapelle*, en Allemagne.

22° A *Cologne*, en Allemagne.

23° A *Vienne*, en Autriche.

24° Chez les religieux d'*Andechsen*, (*Andecenses monachi*) en Bavière.

25° A *Nuremberg*, en Allemagne.

Il faut ajouter à cette liste l'église de *Cracovie*, en Pologne, qui possède une Relique du même genre, donnée, en 1425, au roi de Pologne Wladislas, par le cardinal des Ursins (2). Mais il importe de remarquer que, depuis la publication de l'ouvrage de Fontanini, et des autres que nous venons de citer, plusieurs églises, surtout en France, ont pu être dépouillées des Reliques qu'elles possédoient autrefois.

n. 11, etc. pag. 576, etc. — Curtius, *ibid.* pag. 91. — André Du Saussay, *Crisis hist. de bipartito Domini Clavo Trevirensi et Tullensi.*

(1) Voyez le *Dict. de la Bible* de D. Calmet, au mot *Lance*; édition in-fol. — *Annales de Trèves*, ubi suprà.

(2) Dlugossi, *Hist. Polon.* lib. XI, ann. 1425, pag. 486.

Quoi qu'il en soit, on voit, par cette longue énumération, que la plupart des églises qui se glorifient de posséder de saints Clous, n'en peuvent avoir que des portions plus ou moins considérables. Nous devons ajouter que, dans plusieurs églises, on expose à la vénération publique, sous le nom de saints Clous, non-seulement ceux qui ont servi au crucifiement de notre Seigneur, mais encore d'autres Clous faits à l'imitation des premiers, et que l'on a sanctifiés en y mettant quelque parcelle des véritables Clous de notre Seigneur, ou en les y faisant seulement toucher. En effet, nous avons déjà remarqué que les saints Clous de *Rome* et de *Milan* ont été limés, pour satisfaire la dévotion de diverses personnes. Les historiens du quatorzième siècle parlent d'un saint Clou donné par Clément VII, pape d'Avignon, au duc de Berri, et qui consistoit dans une très-petite portion d'un véritable Clou de notre Seigneur enfermée dans un clou ordinaire (1). Saint Charles Borromée, prélat très-éclairé, et d'une scrupuleuse exactitude dans le discernement des Reliques, avoit plusieurs Clous faits sur le modèle de celui qui se conserve à Milan, et qu'il distribuoit après les y

(1) *Hist. de l'abb. de Saint-Denis*, par Félibien, pag. 299, année 1384.

avoir fait toucher. Il en donna un au roi Phi-
lippe II, comme une Relique très-précieuse (1).
Le P. Honoré de Sainte-Marie, dans l'ouvrage
que nous avons cité plus haut, dit que l'on
conservoit de son temps un de ces Clous dans
le couvent des Carmes, à Clermont en Auver-
gne. Les plus beaux siècles de l'Église nous offrent des exemples d'une pareille dévotion par
rapport aux chaînes de saint Pierre. Saint Grégoire le Grand, et d'autres anciens papes,
croyoient faire un très-riche présent aux personnages les plus distingués, en leur donnant
un peu de limaille des chaînes de saint Pierre
qu'ils enfermoient dans des chaînes faites à
l'imitation de celles de l'apôtre.

Plusieurs savans modernes (2) pensent que
la multiplication des Clous de notre Seigneur
peut encore venir de ce que, outre les quatre
Clous dont les anciens auteurs ont parlé, on
peut en compter d'autres comme ayant servi
au crucifiement de Jésus-Christ : par exemple,
ceux qui attachoient le travers de la Croix et
son *Titre*, ceux qui pouvoient attacher le petit

____

(1) *Vie de saint Charles*, par le P. Giussano, liv. IV, ch. IV
et XII.

(2) Gretser, *ubi suprà*, cap. XX. — Honoré de Sainte-Marie,
ubi suprà. — Fontanini, *ubi suprà*, pag. 142, etc. — Curtius,
ubi suprà, pag. 78, etc.

marchepied de bois destiné à soutenir les pieds
de notre Seigneur, suivant une tradition fort
ancienne. Au reste, de quelque manière que
l'on envisage ces Clous, il est certain, selon la
remarque de saint Ambroise (1), que le culte
des fidèles ne se rapporte ni au fer ni au bois,
mais à Jésus-Christ et à sa Passion, dont les
véritables instrumens, ou même leurs images
et leur représentation, nous rappellent le souvenir des souffrances par lesquelles notre Sauveur nous a mérité la gloire éternelle.

Ces réflexions montrent ce qu'il faut penser
des froides railleries de Calvin, et de plusieurs
autres écrivains hérétiques, sur le grand nombre des saints Clous que l'on vénère en différentes églises. Calvin en compte quatorze ou
quinze, et prend de là occasion de reprocher
à l'Église Romaine un culte superstitieux (2);
mais on voit assez, par ce que nous venons de
dire, que l'existence de quatorze ou quinze
Clous, vénérés comme des Reliques de la Passion du Sauveur, n'a rien en soi d'extraordinaire ou d'invraisemblable.

(1) S. Ambros. *de Obitu Theod.* n. 48.

(2) Curtius, (*de Clavis Dominicis,* cap. VI, pag. 77) répon-
dant à cette difficulté de Calvin, soutient que les églises de
Rome, de Milan et de Trèves sont les seules, dans toute la
chrétienté, qui se glorifient de posséder des Clous de notre

SECONDE QUESTION.

Quelle est en particulier l'origine des saints Clous que l'on conserve aujourd'hui dans l'église métropolitaine de Paris?

L'église métropolitaine de Paris possède aujourd'hui deux portions différentes des saints Clous, l'une provenant du trésor de l'ancienne abbaye de Saint-Denis, et l'autre du trésor de l'ancienne abbaye de Saint-Germain-des-Prés.

1° On a vu plus haut l'origine du *saint Clou* provenant du trésor de l'abbaye de Saint-Denis (1). Une tradition très-ancienne le regardoit comme un présent fait à l'abbaye de Saint-Denis par l'empereur Charles-le-Chauve, qui l'avoit tiré d'Aix-la-Chapelle. Cette tradition, qui remonte bien au-delà du dixième siècle, est d'ailleurs confirmée par l'histoire, qui nous apprend que la chapelle de Charlemagne avoit été enrichie de plusieurs précieuses Reliques de

Seigneur. Le P. Honoré de Sainte-Marie (*ubi suprà*) pense que Calvin a supposé gratuitement l'existence des saints Clous de Sienne, de Venise et des Carmes de Paris. Il faut corriger ces erreurs d'après les détails que nous avons donnés plus haut.

(1) Voyez les pages 84 et suiv. de cette *Notice*. Voyez aussi l'*Hist. de l'abb. de Saint-Denis*, par Félibien, pag. 97, 208, 228, 313, 315, 554, 465, 511 et 557. — *Antiquités de la Chapelle du Roi*, par Dupeyrat, pag. 52.

la Passion de notre Seigneur, dont le patriarche de Jérusalem lui avoit fait présent (1).
Quoi qu'il en soit de l'ancienneté de cette tradition, il est certain que le saint Clou conservé
de temps immémorial à Saint-Denis, s'y voyoit
encore, à l'époque de la révolution, dans un
magnifique reliquaire, dont l'*Histoire de l'abbaye de Saint-Denis* (page 537) nous a conservé le dessin.

En 1793, le saint Clou ayant été apporté à
Paris, avec les autres objets de ce genre provenant du trésor de l'abbaye de Saint-Denis, fut
présenté à la *Commission temporaire des arts.*
M. Le Lievre, membre de l'Institut, et inspec-
teur-général des mines, qui faisoit partie de
cette commission, obtint la permission de prendre le saint Clou, comme un objet de minéralogie qu'il vouloit examiner et analyser. L'ayant,
par ce moyen, sauvé de la destruction et de la
profanation, il le conserva soigneusement jusqu'au mois d'avril 1824. A cette époque, il le remit à Msr l'Archevêque de Paris, en lui assurant,

____

(1) Curtius (*de Clavis Dominicis*, cap. VIII, pag. 108) conjecture que le saint Clou dont il s'agit avoit été donné à Charlemagne par le pape Léon III, rétabli dans son siège par ce
religieux prince. Dans cette supposition, le saint Clou auroit
sans doute une origine très-respectable ; mais l'ancienne tra--
dition de l'abbaye de Saint-Denis est beaucoup plus favorable
à la première supposition.

avec serment, que c'étoit véritablement le saint Clou provenant du trésor de l'abbaye de Saint-Denis, qu'il avoit sauvé de la profanation en 1793 (1). D'après ce témoignage, Mgr l'Archevêque reconnut la sainte Relique, et la fit placer dans le reliquaire où on la voit aujourd'hui. C'est un tube de cristal d'environ quatre pouces de long, en forme de clou, orné d'une tête et d'une pointe en vermeil. Le saint Clou paroît avoir environ trois pouces et trois lignes de long. La tête en est échancrée, et la pointe un peu altérée; il est couvert de rouille dans toute sa longueur. En l'examinant de près, on y remarque un petit morceau de bois, qui s'y est attaché sans doute lorsqu'on le retira de la Croix, et qui, examiné avec la loupe, paroît être de même espèce que le morceau de la vraie Croix provenant de la Sainte-Chapelle.

2° Nous avons aussi rapporté plus haut l'origine du saint Clou provenant de l'abbaye de Saint-Germain-des-Prés (2). Il avoit été légué, en 1684, à cette abbaye, par la princesse Palatine, qui l'avoit reçu, quelques années auparavant, du roi de Pologne Jean-Casimir. Ce prince lui-même l'avoit tiré du trésor de sa

(1) Voyez le n. VII des *Pièces justificatives*, placées à la suite de cette *Notice*.

(2) Art. 1, pag. 67 et suiv.

couronne, avec le morceau de la vraie Croix
dont nous avons parlé au même endroit. Voici
ce qu'on lit en particulier sur le saint Clou
dans l'*Histoire de l'abbaye de S.-Germain* (1) :
« La pointe d'un des Clous dont notre Seigneur
» Jésus-Christ fut attaché à la Croix n'est pas
» moins avérée. Elle venoit aussi du trésor de
» la couronne de Pologne; et le roi Jean-Casi-
» mir, qui l'avoit apportée avec lui en France,
» en avoit gratifié la princesse Palatine. Le roi
» Michel, son successeur, le lui redemanda,
» comme une Relique appartenant à sa cou-
» ronne, et lui fit même des offres très-consi-
» dérables; mais la princesse en faisoit plus
» d'estime que de toutes les richesses du monde,
» et elle abandonna sans peine ces avantages
» temporels, pour conserver un si précieux
» trésor. »

Le saint Clou fut examiné et reconnu avec
la vraie Croix en 1673 et en 1684, par les vicaires-généraux de Paris que M. de Harlai avoit
chargés de cet examen. Depuis cette époque
jusqu'à la révolution, il fut conservé à l'abbaye
de Saint-Germain, dans le même reliquaire
que la vraie Croix. Nous ne répéterons pas ici
ce que nous avons dit ailleurs sur la conserva-

____

(1) *Hist. de l'abb. de Saint-Germain-des-Prés*, pag. 280.

tion de ces précieuses Reliques pendant la révolution, et sur la remise qui en a été faite à
Mgr l'Archevêque de Paris, au mois d'octobre
1827. Nous ajouterons seulement que la pointe
du saint Clou dont nous parlons ici est d'une
dimension bien moins considérable que celle
du saint Clou provenant de l'abbaye de Saint-
Denis, sa longueur n'étant que de treize lignes.
Après avoir été placé, par ordre de Mgr l'Archevêque, dans un reliquaire de cristal entièrement semblable à celui qui renferme le saint
Clou provenant de l'abbaye de Saint-Denis, il a
été transféré dans l'église métropolitaine, avec
la Croix de la princesse Palatine, et confié à la
garde du chapitre, le 22 février 1828.

CONCLUSION.

SUR L'EXPOSITION SOLENNELLE

DES SAINTES RELIQUES

DE LA PASSION DE NOTRE SEIGNEUR.

L'exposition solennelle des saintes Reliques dont nous venons de parler, a lieu régulièrement, dans l'église métropolitaine de Paris, pendant les octaves des principales fêtes qui se célèbrent en l'honneur de la sainte Croix et de la sainte Couronne. D'après le Mandement donné par Mgr l'Archevêque pour le Carême de l'année 1828, elle doit aussi avoir lieu tous les vendredis de Carême. Voici de quelle manière se fait cette exposition solennelle.

Les saintes Reliques sont placées à l'entrée du chœur, sur une estrade ornée de tentures rouges. Pour satisfaire davantage la pieuse curiosité des fidèles, on expose les Reliques à découvert, dans les reliquaires de cristal qui les renferment, et dont nous avons donné ailleurs la description. Les principaux reliquaires sont attachés, avec des agraffes de vermeil, à une *croix de cèdre*, haute d'environ deux pieds, sans y comprendre une espèce de tombeau qui lui sert de base. Le *saint Clou* provenant de l'ancienne abbaye de Saint-Denis est attaché au milieu de cette Croix, et environné de la *sainte Couronne*. Au-dessous de celle-ci, on voit le reliquaire qui renferme la *vraie Croix de la Sainte-Chapelle*.

Le tombeau qui sert de base à la croix de cèdre a quatre pouces et demi de haut, sur une largeur de sept pouces. On y a ménagé sur le devant une ouverture, fermée par un verre de cristal, au travers duquel on aperçoit une *pierre du saint Sépulcre*, et une petite fiole de verre portant l'inscription suivante, d'une écriture fort ancienne : *De sanguine et aqua quæ effluxerunt è latere Christi*. Il paroît que ces deux derniers objets viennent de la Sainte-Chapelle (1); mais ils n'ont pas encore été reconnus par des actes authentiques. Enfin, derrière la croix de cèdre, on place ordinairement la grande chàsse de la sainte Couronne, dont

____

(1) Voyez le n. I des *Pièces justificatives*.

on peut voir la description au n. VI des *Pièces justificatives*.

> Orbis redempti qualia pignora !
> Crux tincta Christi sanguine adhuc madet.
> Sperate, mortales : salutem
> Plena necis monumenta præstant.

PIÈCES JUSTIFICATIVES.

N° Iᵉʳ. (Page 111.)

LITTERÆ BALDUINI IMPERATORIS

DE SANCTARUM RELIQUIARUM CONCESSIONE.

Balduinus, Dei gratiâ fidelissimus in Christo Imperator, a Deo coronatus, Romaniæ (1) moderator, et semper Augustus, universis Christi fidelibus, tam præsentibus quàm futuris, ad quos litteræ præsentes pervenerint, æternam in Domino salutem.

Notum fieri volumus universis, quòd nos charissimo amico et consanguineo nostro, Ludovico regi Franciæ illustrissimo, sacrosanctam spineam Coronam Domini, et magnam portionem vivificæ Crucis Christi, unà cum aliis pretiosis et sacris Reliquiis, quæ propriis vocabulis inferiùs sunt expressæ, quas olim in Constantinopolitana urbe venerabiliter collocatas, et tandem pro urgenti necessitate imperii Constantinopolitani, diversis creditoribus et diversis temporibus pignori obligatas, idem Dominus Rex, de nostra voluntate, redemit magnâ pecuniæ quantitate, et eas fecit Parisios, de beneplacito nostro, transferri; eidem Domino Regi, spontaneo et gratuito dono planè dedimus, absolutè concessimus, et ex toto quitavimus et quitamus; quas utique venerandas reliquias

____

(1) Voyez les Notes à la suite de cette lettre.

propriis nominibus duximus exprimendas, videlicet : prædictam sacrosanctam spineam Coronam Domini, et Crucem sanctam : item de Sanguine Domini nostri Jesu Christi (2);.... aliam magnam partem de ligno sanctæ Crucis; sanguinem qui de quadam imagine Domini ab infideli percussa stupendo miraculo distillavit; catenam etiam, sive vinculum ferreum, quasi in modum annuli factum, quo creditur idem Dominus fuisse ligatus;..... magnam partem de lapide Sepulchri Domini nostri Jesu Christi;.... item ferrum sacræ Lanceæ quo perforatum fuit in Cruce latus Domini nostri Jesu Christi (3); Crucem aliam mediocrem, quam *Crucem triumphalem* veteres appellabant, quia ipsam in spem victoriæ consueverant imperatores ad bella deferre (4); Chlamydem coccineam quâ circumdederunt milites Dominum nostrum Jesum Christum, in illusionem ipsius; Arundinem quam pro sceptro posuerunt in manu ipsius; Spongiam quam porrexerunt ei sitienti in Cruce aceto plenam; partem Sudarii quo involutum fuit corpus ejus in sepulchro..... In cujus rei testimonium, et perpetuam firmitatem, nos signavimus præsentes litteras nostro signo imperiali, et bullavimus nostrâ bullâ aureâ. Actum apud Sanctum Germanum in Laïa, anno Domini 1247, mense junii, imperii nostri anno octavo.

✝ BALDUINUS.

NOTES SUR LES LETTRES DE L'EMPEREUR BAUDOUIN II.

On a vu, dans le cours de la *Notice*, que les *Reliques* de la Sainte-Chapelle avoient été portées en 1791 au trésor de l'abbaye de Saint-Denis, d'où elles furent transportées, en 1793, à l'*Hôtel des Monnoies*, et enfin à la *Commission temporaire des arts*. La *Notice* M. l'abbé Coterel (n. IV et VII des *Pièces justificatives*) nous apprend qu'une partie de ces précieuses Reliques fut déposée, en 1794, au *Cabinet des Médailles antiques* de la *Bibliothèque nationale*, où on voyoit encore, en 1796, *la sainte Couronne, le fer de la lance, les menottes, un morceau de la pierre du saint Sépulcre de notre Seigneur, et une petite fiole de son sang*. Ces deux derniers objets se retrouvèrent, en 1804, avec la sainte Couronne, et furent remis avec elle à l'église métropolitaine de Paris. Mais à cette époque on ne trouva plus les *menottes* ni le *fer de la lance*, et toutes les recherches qui ont été faites depuis pour les retrouver ont été inutiles. Quant aux autres objets mentionnés dans l'acte de l'empereur Baudouin, M. l'abbé Coterel n'en dit rien dans sa *Notice*. Il est bien à craindre qu'ils ne soient perdus sans retour, ou que, s'ils se trouvent quelque part, ils n'y soient destitués de toute preuve d'authenticité.

(1) On appeloit autrefois *Romanie* tout le pays que possédoient les empereurs grecs en Europe, en Asie, et même en Afrique. Aujourd'hui ce nom désigne seulement la partie méridionale de la Turquie, bornée à l'est par la mer Noire, à l'ouest par la Macédoine, et au midi par la mer de Marmara.

(2) L'acte de l'empereur Baudouin fait mention de deux Reliques différentes du sang de notre Seigneur, l'une désignée par ces mots : *De Sanguine Domini nostri Jesu Christi;* et l'autre par ceux-ci : *Sanguinem qui de quadam imagine Domini ab infideli percussa, stupendo miraculo distillavit.*

On possédoit en plusieurs églises de semblables Reliques. On a vu plus haut (pag. 67) que la princesse Palatine avoit légué à l'église de l'Abbaye de Saint-Germain du *sang miraculeux* de notre Seigneur. Cette précieuse Relique, dit l'*Histoire de cette abbaye*, (pag. 280) « vient d'un calice répandu sur » un corporal, auquel le sang précieux donna la couleur d'un » sang naturel : c'est ce qui se prouve par une inscription de » six cents ans ou environ, qui en fait foi : *De calice perfuso,*

» *et in sanguinem visibiliter mutato.* On dit qu'il se fit tant de
» miracles à l'occasion de ce sang précieux, que, des of-
» frandes des fidèles, on fonda l'église ducale et collégiale de
» Saint-Alexandre d'Einbeck en Allemagne, où il a toujours
» été conservé. Le prince Jean-Frédéric, duc de Brunswick
» et de Lunebourg, dans la principauté duquel est Einbeck,
» demanda en 1675 cette précieuse Relique aux chanoines,
» qui ne purent la lui refuser. Le duc d'Hanover en fit pré-
» sent dans la suite à la princesse Palatine. »

Dans plusieurs autres églises, on vénéroit du *sang miraculeux de notre Seigneur,* qui avoit découlé de certains crucifix
percés par les Juifs ou les païens, en dérision du Sauveur.
Telle étoit, comme on vient de voir, une des Reliques du
sang de notre Seigneur, données à saint Louis par l'empereur
Baudouin II.

On conservoit aussi en divers endroits du sang que l'on
croyoit être sorti du corps de notre Seigneur au temps de sa
Passion. L'église de Saint-Paul de Londres, la Sainte-Chapelle de Paris, l'abbaye de Saint-Denis près Paris, celle de
Saint-Remi de Reims, et quelques autres églises possédoient
autrefois de semblables Reliques, venues de la chapelle des empereurs de Constantinople (*). L'authenticité de ces sortes de
Reliques a été contestée par de savans théologiens; et les pas-
teurs de l'Eglise, en les exposant à la vénération publique,
ne prétendoient pas en garantir la vérité, mais entretenir seulement dans l'esprit des fidèles de pieux souvenirs, propres à
exciter leur dévotion. Voici comment Bossuet s'exprime à ce
sujet, dans sa *Lettre sur l'adoration de la Croix* (**) : « Qu'on

(*) Voyez l'*Hist. ecclés.* de Fleury, liv. LXXXII, n. 66; liv. CXII,
n. 66, 67. — *Hist. de l'abbaye de Saint-Denis,* par Félibien, pag. 537.
— *Hist. de l'empire de Constantinople,* par Ducange, part. II, pag. 82;
et *Pièces justif.* pag. 1. — *Réflexions sur les règles et l'usage de la
Critique,* par le P. Honoré de Sainte-Marie, tom. III, pag. 326. —
Bened. XIV, *de Festis,* lib. I, cap. VIII, n. 9 et 37. Idem, *de Canoniz.
Sanct.* lib. IV, part. II, cap. X, n. 8 et seq.

(**) *OEuvres de Bossuet,* 1817, in-8°; tom. XXV, pag. 64.

» ne doive honorer, dit-il, tout ce qui seroit sorti du corps
» du Sauveur pour l'amour qu'il avoit pour nous, et qui ser-
» viroit par conséquent à nous faire souvenir de cet amour,
» comme *les larmes* et *le sang* qu'il a versés pour nos péchés,
» comme les sueurs que ses saints et continuels travaux lui
» ont causés, et les autres choses de cette nature, on ne le
» peut nier sans être insensible à ses bontés. Savoir s'il reste
» quelque part ou de ce sang ou de ces larmes, c'est ce que
» l'Église ne décide pas : elle tolère même sur ce sujet-là les
» traditions de certaines églises, sans qu'on doive se trop sou-
» cier de remonter à la source. Tout cela est indifférent, et
» ne regarde pas le fond de la religion. Je dois seulement vous
» avertir que le sang et les larmes qu'on garde comme étant
» sortis de Jésus-Christ, *ordinairement* ne sont que des larmes
» et du sang qu'on prétend sortis de certains crucifix dans
» des occasions particulières, et que quelques églises ont con-
» servés en mémoire du miracle : pensées pieuses, mais que
» l'Église laisse pour telles qu'elles sont, et qui ne font ni ne
» peuvent faire l'objet de la foi. »

(3) M. l'abbé Coterel, qui avoit vu en 1796 le *fer de la
lance* à la *Bibliothèque nationale*, dit que c'étoit un morceau
de fer très-vieux, long d'environ trois ou quatre pouces, et
terminé en pointe à l'une de ses extrémités. La Sainte-Chapelle de Paris ne possédoit qu'une partie du fer de la lance ;
l'autre partie se conserve à Rome, dans la *basilique du Vatican.* On peut consulter là-dessus Bened. XIV, *de Canoniz. SS.*
lib. IV, part. II, cap. XXIII et XXX ; *de Festis*, lib. I, cap. VII,
n. 58 et 129.

(4) On voit par cet acte de l'empereur Baudouin, qu'il avoit
donné à saint Louis trois portions différentes de la vraie
Croix : la première désignée par ces mots : *Sanctam Crucem*,
et qui est vraisemblablement la principale, avoit la forme
d'une croix grecque d'environ deux pieds et demi de long,
comme nous l'avons dit ailleurs. (Art. I, 2ᵉ question, pag. 55.)

La seconde est désignée par ces mots : *Aliam magnam partem de ligno sanctæ Crucis.* L'*Histoire de la Sainte-Chapelle* ne donne aucun renseignement sur cette seconde portion de la vraie Croix. La troisième, qui est appelée *Crux Triumphalis*, ou *Croix de la Victoire*, étoit ainsi nommée, parce que les empereurs romains, à l'exemple de Constantin, avoient coutume de la porter à l'armée, comme un gage de la victoire. Cette Croix, qui se trouvoit à Constantinople en 1204, fut depuis engagée au Doge de Venise, et dégagée ensuite par saint Louis. Voyez l'*Hist. de la Sainte-Chapelle*, pag. 9, 14, 23, 49, 192, etc. — *Hist. eccl.* de Fleury, liv. LXXVI, n. 5. — *Hist. des Croisades*, par Michaud, tom. III, pag. 273. — *Hist. de l'empire de Constantinople*, par Ducange, part. I, pag. 511.

N° II. (Page 54.)

LITTERÆ ANSELLI AD GALONEM, EPISCOPUM PARISIENSEM, ET AD EJUSDEM CAPITULUM.

EPISTOLA PRIMA.

Ansellus, Cantor sancti Sepulchri, ecclesiæ Parisiensis portionem ligni sanctæ Crucis mittit.

(Anno 1109.)

Galoni . Dei gratiâ Parisiorum episcopo, et Stephano archidiacono, cujus laudis et potestatis magnitudo per multa terrarum loca, etiam apud nos celebris habetur, et Bernero decano, et reverendo archidiacono, et nostro præcentori, omnique conventui sanctæ Mariæ Parisiensis, Ansellus, gloriosissimi Sepulchri cantor et presbyter licèt indignus, subjectionem, reverentiam, et amorem ; et sic in hoc sæculo vivere, ut per orationes vestras, in futuro vobiscum merear sine fine gaudere.

Cùm ab Ecclesia vestra, et à vobis, in qua et cum quibus nutritus et eruditus fui, jam per viginti quatuor annos remotus sim corpore, tamen animo fervens in amore vestro et Ecclesiæ vestræ, vobiscum cohabito mente. Namque cum iis qui per singulos annos à vobis ad nos venerunt, qui vos noverunt, et à vobis noti fuerunt, semper fuit mihi sermo, et est, sedulæ inquisitionis de statu Ecclesiæ vestræ, et de vobis, quid agatis, et quomodo vos habeatis; de vobis præcipuè quos vidi, et quos cognovi, et quandiu vixero, licèt absens, semper amabo; sæpe quoque per somnia, in solemnitatibus et processionibus, necnon et ferialibus matutinis, et officiis vestris videor interesse, et vobiscum psallere. Hâc ergo dilectione pro vobis sollicitus, dominum venerabilem Patriarcham et canonicos nostros rogavi, ut orationibus, et beneficiis nostræ congregationis fratres et participes jungeremini : cui petitioni concedentes, itidem à vobis rogant, et requirunt.

Præterea de donis quæ dedit mihi Deus, ad honorem et gloriam et sublimationem Ecclesiæ vestræ, et vestrî vestræque civitatis; donum maximum et incomparabile, videlicet Crucem unam de ligno sanctæ Crucis, per Anselmum fidelem vestrum vobis devotus transmisi, à quo et litteras vestras nobis missas accepi.

Sicut à Græcorum et Syriacorum scripturis didicimus, patibulum Crucis Christi, de quatuor lignis fuit; unum in quo Pilatus *Titulum* scripsit, aliud in quo brachia ejus extenta et palmæ affixæ fuerunt, tertium in quo corpus ejus appensum est, quartum in quo Crux affixa fuit, quod etiam aspersione sanguinis lateris et pedum intinctum et sanctificatum est. Et Crux ista quam vobis misi, de duobus est lignis, quia Crux inserta est Cruci. Inserta est de eo in quo pependit; in qua inseritur, de subpedaneo in quo Crux affixa fuit; utrumque dignum, utrumque sanctum.

Porro David, rex Georgianorum, qui cum suis prædecessoribus portas Caspias tenuit et custodivit, ubi sunt inclusi (1) Gog et Magog, (quod et filius ejus adhuc facit, cujus terra et regnum contra Medos et Persas est nobis quasi antemurale,) hanc Crucem, quandiu vixit, in summa veneratione et dilectione habuit. Quo defuncto, et filio in regno promoto, uxor ejus, venerabilis plus sanctitate quàm generis nobilitate, caput totondit, habitumque religionis suscepit, et assumptâ Cruce istâ, multo auro Hierusalem cum paucis, non reditura, sed ut ibi in quieto silentio et oratione vitam finiret, advenit; et de auro quod attulerat, congregationibus sanctæ civitatis partes distribuit, pauperibusque et peregrinis eleemosynas erogavit. Postea sub manu domini Gibbelini patriarchæ, congregationem sanctimonialium Georgianarum, quæ est in Hierusalem, instituit. Nec multò post, rogatu sororum et patriarchæ, regimen congregationis suscepit; denique distributis et erogatis, et in necessitatibus commissæ congregationis omnibus quæ attulerat expensis, cùm inedia regionem nostram oppressisset, ipsa cum subditis cœpit egere; cùmque jam multa dono, multa mu-

---

(1) Anseau parle ici conformément au système de plusieurs anciens, selon lequel Gog et Magog sont des peuples cruels de la Scythie, qui doivent déclarer la guerre aux saints à la fin des temps. Ce système n'a d'autre fondement que quelques passages obscurs d'*Ezéchiel* et de l'*Apocalypse*. On peut consulter là-dessus l'*Hist. ecclés.* de Fleury, liv. LIV, n. 52. — *Dissert. sur Gog et Magog*, dans le tom. X in-4° de la *Bible de Vence*, édit. de 1767.

tuo recepisset; quod nullomodo pro necessitatibus sui corporis faceret, pro necessitatibus congregationis sibi commissæ, pio affectu facere compulsa est. Itaque istud lignum, nulli pretio comparandum, hâc ratione pretio est comparatum. Ecce illud vobis misi. Precor, habetote illud honorificè sicut debetis. Verumtamen, ut memoriale sit posteris et successoribus nostris, unde et quomodo illud habuistis, scribite in libris vestris : *Ansellus, clericus noster, hanc Crucem de ligno sanctæ Crucis, Ecclesiæ nostræ et nobis de Hierusalem transmisit.*

Postulo igitur à vobis, ut me diligentem vos diligatis, et post mortem meam in orationibus vestris meî memoriam habeatis. Quid verò tanti thesauri latori contigerit, utrumne ad vos prosperè pervenerit, per litteras vestras mihi notum faciatis.

ALIA EPISTOLA ANSELLI AD EOSDEM DE CRUCE DOMINI.

Quæsistis quâ ratione, quâ necessitate, portio ista de Dominica Cruce assumpta fuerit. Ego quid inde ex litteris et relatione seniorum Surianorum audivi et didici, vobis manifestabo.

Legitur in Evangelio : *Multa quidem et alia signa fecit Jesus in conspectum discipulorum suorum, quæ non sunt scripta in libro hoc;* et vos multa legistis, sed non omnia : multa enim habent Græci, quæ non habent Latini. Legistis tamen quod sancta Helena Crucem Dominicam per medium secari fecit, et Crucem Constantinopolim ad filium detulit, Crucemque Hierosolymis reliquit. Relictam Chosdroe, vastatâ Hierusalem, rapuit, et in Persidem detulit; quam, interfecto Chosdroe, Heraclius imperator Hierosolymam retulit, et in Calvariæ loco, ut à populo christiano veneraretur, reposuit. Post mortem verò Heraclii, populus infidelium adeo christianos oppressit, ut nomen Christi conarentur extinguere, et memoriam Crucis et Sepulchri delere. Itaque, congerie lignorum suppositâ, partem Sepulchri combusserunt, et Crucem similiter comburere voluerunt; sed christiani eam absconderunt; quocirca multos ex eis occiderunt. Denique christiani, habito consilio, secatam in multas portiones diviserunt, et per ecclesias fidelium distribuerunt, quatenus si eis una pars ad comburendum auferretur, tali modo aliæ partes reservarentur. Itaque in Constantinopolitana urbe, præter imperatoris Crucem, sunt inde tres Cruces, in Cypro duæ, in Creta una, in Antiochia tres, in Edessa una, in Alexandria una, in Ascalone una, in Damasco una, in Hierusalem quatuor, Suriani habent unam, Græci de sancto Saba unam, monachi de valle Josaphat unam, nos Latini ad sanctum Sepulchrum habemus unam, quæ habet palmum et dimidium longitudinis, et pollicem unum latitudinis et grossitudinis in quadro. Patriarcha quoque Georgianorum habet unam; rex etiam Georgianorum habuit unam, quam modò, Deo gratias, vos habetis. Nunc verò, ad supplendum gaudium vestrum, et ad gloriam et honorem Ecclesiæ vestræ, et regiæ dignitatis, et civitatis vestræ et vestrûm, domum maximum et thesaurum incomparabilem, nec inferiorem priore, videlicet crucem unam de lapide Dominici Sepulchri, per Bernardum sanctæ Genovefæ præcentorem, testimonio vestro virum honestum, vobis devotus transmisi; quam obnixè imploro, ut honorificè, sicut dignum est, habeatis. Postulo igitur à vobis ut post mortem meam, in orationibus vestris meî memoriam habeatis. Quid verò tanti thesauri latori contigerit, utrum prosperè ad vos pervenerit, per litteras mihi vestras notum faciatis. Valete.

N° III. (Pag. 59 et suiv.)

ACTES CONCERNANT LES TROIS CROIX

FORMÉES DE L'ANCIENNE CROIX D'ANSEAU.

1. — *Actes joints à la vraie Croix enchâssée dans une croix de vermeil.*

Ego infrà scriptus, Stephanus Guyot de Sainte-Hélène, olim in senatu Parisiensi patronus, durante rerum in Galliis conversione, cætuum ac comitiorum illius partis urbis Lutetiæ, quæ dicitur vulgò *section de la Cité,* per tres annos, ferè continuus præses, deinde politiæ administrandæ deputatus, postea judex in tribunali à Sequana nuncupato, nunc judex vulgò dictus *Juge de paix,* in præfata urbis parte; testor et coram Deo juro, me anno 1793, quo sanctas Dei Ecclesias perditissimorum hominum numerosæ cohortes diripuerunt, veram Crucem per Ansellum, olim canonicum Ecclesiæ Parisiensis, ab Hierosolymis missam, et in præfatæ Ecclesiæ sacrario anno 1109 depositam, à comitiis vulgò nuncupatis *Comité révolutionnaire,* obtinuisse, eamdemque cum magistro Duflost, dicti sacrarii tunc temporis custode, invitum, partitum fuisse; eamdem Crucem duabus crucibus tunc constitisse, unâ quidem ex ligno abieti sat simili, alterâ verò ebeno non absimili, priorem mox laudatam insertam recipiente, ut refertur in epistola præfati Anselli, tum in *Pastorali* magno *Parisiensi,* tum in opere à Jacobo Dubreuil cui titulum præfixit, *Antiquités de Paris,* recensita.

Testor insuper, me ex priore ligno, quod est pars illius

Crucis, cui Christus Dominus affixus fuit, unicam crucem formasse, quam dictæ Ecclesiæ Parisiensi restituam (1); et ex altero, quod de suppedaneo dictæ veræ Crucis provenit, alias cruces condidisse, in quibus tres veræ Crucis particulas inserui, de quarum numero est hæc præsens, unum pollicem et septem cum dimidia lineas alta, et unum pollicem cum media circiter linea lata.

Testor denique præfata nostræ redemptionis sacra pignora, cum sigillo Capituli Ecclesiæ Parisiénsis ex eis pendente, unico tunc temporis earum authenticitatis signo superstite, à me repræsentata fuisse cùm illi sacrarii Ecclesiæ Parisiensis custodi, qui per triginta et octo annos eo munere functus fuerat, tum dominis Canonicis Ecclesiæ Parisiensis nunc superstitibus quos obvios habere potui, qui omnes eadem agnoverunt; idque testatum fecerunt tum signis tum sigillis respectivè suis appositis, ut patet ex libello, seu instrumento, quod illi Cruci, quam restituam, adnexui (2).

Orent pro me omnes illi quibus hasce nostræ redemptionis instrumenti pretiosissimas Reliquias à sacrilegis manibus ereptas, et à profanatione servatas, adorandas relinquo.

Datum Parisiis, sub signo sigilloque meo, die vigesimâ sextâ mensis nivosi, anno reip. Gallic. nono ; anno autem reparatæ salutis humanæ millesimo octingentesimo primo, die ve   s,   ensis januarii decimâ sextâ.

Guyot Sainte-Hélène, Nivernus.

(1) Il s'agit ici de la croix qui sera mentionnée plus bas, dans les actes concernant la grande croix de bois doré.

(2) Ce sont les mêmes actes, qu'on verra plus bas sous le n. II.

Joannes Baptista de Belloy, S. R. E. Presbyter Cardinalis, miseratione divinâ et sanctæ Sedis apostolicæ gratiâ, Archiepiscopus Parisiensis.

Viso instrumento quod ex parte altera exaratum fuit, visis quoque aliis tribus instrumentis colligatis, signatis, sigillatis et pendentibus à verâ Cruce Anselli partim conservata, debitè recognita, in manibus nostris nostræ Ecclesiæ metropolitanæ Parisiensi hodie restituta, et in ejusdem Ecclesiæ sacrario nunc, ut antea, deposita et recondita, hancce præsentem ex fragmentis duorum lignorum quibus Crux Anselli olim constabat formatam Crucem fidelium adorationi exponi permisimus, et permittimus per præsentes.

Datum Parisiis, anno Domini millesimo octingentesimo tertio, die verò mensis martii decimâ quartâ, die autem 23 mensis ventosi, anno reipublicæ xi°.

† Cardinalis DE BELLOY,
Archiep. Parisiensis.

De Mandato Eminentissimi et Reverendissimi Domini
Cardinalis Archiepiscopi Parisiensis.

Buée, *Secret.*

Nota. Nous ne transcrivons point ici les actes joints à la vraie Croix enchâssée dans une croix de cuivre argenté. Ils portent les mêmes dates que les deux précédens, et sont conçus à peu près dans les mêmes termes.

II. — *Actes joints à la vraie Croix enchâssée dans une grande croix de bois doré.*

Ego Joannes Mortier, Thesaurarius, ac sanctissimarum Reliquiarum custos, in Basilica beatæ Mariæ Parisiensis.

ante revolutionem, ligno Crucis cui præsens appendet
(instrumentum), ejusdem ligni dimensionibus, colore
alterius ligni in quo priùs inserebatur, insertionis modo.
filis sericis ruptis adhuc sigillo Capituli repræsentato hæ-
rentibus, diligenter examinatis et perpensis, me posse as-
severare credo quod præsens Crux pars est Crucis quam
misit Ansellus an. 1109 dictæ Basilicæ, et quam per
triginta sex annos fidelibus ipse adorandam exposui.

Datum Parisiis, die decimâ octavâ januarii, an. xi
(1801).

MORTIER.   .

Nos, Basilicæ supradictæ Canonici et Dignitarii, au-
dito prædicto Thesaurario et custode, iisdem perpensis
et examinatis, huic fidem adhiberi debere censemus, necnon Judicis pacis instrumento annexo; et ideo (instrumentum) præsens tam signaturis quàm sigillis nostris mu-
nivimus.

Datum Parisiis, vigesimâ januarii, anno reparatæ salutis 1801.

> MALARET, *Archidiaconus ecclesiæ Parisiensis;* LE
> CORGNE DE LAUNAY, *Archidiaconus ecclesiæ*
> *Parisiensis;* MORIN DU MARAIS, *Canonicus;*
> SINCHOLE DESPINASSE, *Canonicus;* DEFFIEUX,
> *Succentor et Canonicus;* GATIGNON, *Canoni-*
> *cus;* LUCAS, *Canonicus Camerarius.*

Nos Joannes Baptista de Belloy, miseratione divinâ et
sanctæ Sedis apostolicæ gratiâ, S. R. E. Presbyter Cardinalis, Archiepiscopus Parisiensis, et Senator.

Tribus visis instrumentis, videlicet, Judicis pacis, Thesaurarii, et Canonicorum, hìc colligatis, sigillatis, ac pendentibus à vera Cruce Anselli, partim conservata, debitè

recognita, et nunc in manibus nostris, nostræ ecclesiæ beatæ Mariæ Parisiensi restituta, hancce præsentem à ligno Crucis Anselli formatam Crucem fidelium adorationi demandamus.

Actum Parisiis, sub signo et sigillo nostris, vigesimâ tertiâ ventos. an. XI reipublicæ Gallicæ ; anno autem reparatæ salutis à Jesu Christo 1803, die lunæ decimâ quartâ martii.

† J. BAPT. Cardinalis de BELLOY,
Arch. Paris.

N° IV. (Pag. 64 et suiv.)

PROCÈS-VERBAL DE VÉRIFICATION

DU MORCEAU DU BOIS SACRÉ DE LA VRAIE CROIX,

PROVENANT DE LA SAINTE-CHAPELLE,

et donné au chapitre de l'église de Paris par M. Jean Bonvoisin et Mme Catherine-Michelle Bapst, veuve Bonvoisin, sa mère.

Joannes Baptista, tituli sancti Joannis *ante Portam Latinam,* S. R. E. Presbyter Cardinalis de Belloy, miseratione divinâ et sanctæ Sedis apostolicæ gratiâ, Archiepiscopus Parisiensis, Senonensis et Rhemensis, Senator, inter Primores honorandæ Legionis magnâ infulâ insignitus, universis præsentes litteras inspecturis, salutem in Domino.

Cùm ex instrumentis in archiepiscopatûs nostri archivis depositis, et ad calcem præsentium litterarum transcriptis, certò nobis constiterit frustum ligni oculis nostris exhibitum, et Capitulo ecclesiæ nostræ metropolitanæ dono datum, esse partem portionis alterius majoris sacri ligni veræ Crucis Domini nostri Jesu Christi, à sancto Ludovico IX, Francorum rege, in sacrosancta Capella Palatii, Parisiis, depositi, in dictæ Capellæ sacrario ad annum usque millesimum septingentesimum nonagesimum secundum summa cum religione asservati, et singulis annis, certis diebus, fidelium venerationi in eadem Capella expositi et oblati, sacrosanctum illud redemptionis nostræ pignus, cujus dimensiones in uno ex supramemoratis instrumentis assignantur, in capsa crystallina, formam exhibente prismatis recti et quadrangularis, octo pollices cum quinque lineis alti, et cujus facies sunt æquales, et limbis ex argento deaurato confectis atque in flosculos utrinque desinentibus constringuntur, cujusque extremæ partes laminis ex argento pariter deaurato confectis, unâ quidem fixâ, alterâ verò mobili, clauduntur, recondi curavimus : quo peracto, mobilem laminam præfatam cum dicta capsa colligari mandavimus ope funiculi serici coloris rubri, cujus extremas partes nodis ligatas sigillo nostro obsignari fecimus; dictumque sacrum pretiosissimæ Domini nostri Jesu Christi mortis pignus venerationi fidelium, in dicta ecclesia nostra metropolitana Parisiensi, exponi et offerri permisimus.

Datum Parisiis, in palatio nostro archiepiscopali, sub signo sigilloque nostris, ac secretarii archiepiscopatûs nostri subscriptione, anno Domini millesimo octingentesimo octavo, die autem mensis aprilis duodecimâ.

† J. B. Cardinalis, Archiepiscopus Parisiensis.

De Mandato Eminentissimi et Reverendissimi Domini
Cardinalis Archiepiscopi Parisiensis.

BUÉE, Secret.

COPIE DES PIÈCES MENTIONNÉES DANS L'ACTE CI-DESSUS.

Déclaration et *Attestation* de Jean Bonvoisin, l'un des membres de la ci-devant Commission temporaire des arts, adjointe au Comité d'instruction publique de la Convention nationale, relativement à un morceau de la vraie Croix qu'il a offert de remettre au chapitre de l'église métropolitaine de Paris, le vingt et un juillet mil huit cent cinq.

DÉCLARATION.

Ce morceau précieux de la vraie Croix, dont la dimension est de huit pouces et demi de long, sur un pouce quatre lignes de large, et onze lignes et demie d'épaisseur, auquel il a été enlevé quelques éclats à l'un des bouts, est un débris de celle de la sainte-Chapelle de Paris, qui fut sciée pour en retirer l'or dont elle étoit en partie recouverte, et qui, après avoir été déposée au trésor de Saint-Denis avec d'autres Reliques en 1792, fut transportée en 1793 à la commission temporaire des arts, avec les autres Reliques du trésor de Saint-Denis, aussi dénuées de leurs riches ornemens. Elle étoit en morceaux plus ou moins grands que celui-ci ; et comme l'on paroissoit alors faire fort peu de cas de ces objets sacrés, surtout dans l'état où ils étoient, on me laissa prendre sur la table où les membres de la commission les avoient examinés, ce débris, ce morceau de bois précieux, que je m'empressai de porter à ma mère, qui, après l'avoir conservé jusqu'à présent avec vénération, se fait un plaisir, ou plutôt un devoir, ainsi que moi, d'après le conseil de M. Corpet, chanoine de l'Eglise Métropolitaine de Paris, de le remettre au chapitre de ladite église.

ATTESTATION.

J'atteste que la déclaration ci-dessus contient, en ce qui me concerne, l'exacte vérité, et que ce morceau précieux fait partie des Reliques qui ont dû être remises à M. D'Astros, chanoine de Notre-Dame, en décembre 1804, par M. Millin, conservateur des antiques de la bibliothèque impériale, et qui fut aussi membre de la commission temporaire des arts, comme on peut le voir par l'extrait ci-après de la *Gazette de France*, du vendredi 7 décembre 1804. En foi de quoi j'ai signé les présentes déclaration et attestation, ce vingt-un juillet de l'an mil huit cent cinq.

> *Signé* : Jean BONVOISIN, *peintre, ancien pensionnaire de l'Académie de France à Rome; membre de la ci-devant Commission temporaire des arts,* etc. etc. demeurant Quai de l'Horloge n° 57, à Paris.

Je certifie que ce qui a rapport à moi, dans la présente déclaration de mon fils, est véritable.

> *Signé :* C. M. BAPST *Veuve* BONVOISIN.

EXTRAIT DE LA *GAZETTE DE FRANCE*

DU VENDREDI 7 DÉCEMBRE 1804.

« Plusieurs Reliques viennent d'être rendues à l'église » métropolitaine de Paris. Ces Reliques, dont la piété de » saint Louis avoit enrichi la Sainte-Chapelle, où elles

» ont été l'objet constant du culte des fidèles, avoient été
» déposées en 1792, par ordre du Roi, au trésor de Saint-
» Denis, et transportées ensuite en 1795 à la *Commission*
» *temporaire des arts*. Après la cessation des travaux de
» cette commission, elles furent placées dans le cabinet
» des *Antiques* de la bibliothèque impériale. Conformé-
» ment à un ordre de Son Excellence Mgr le ministre de
» l'intérieur, M. Millin, conservateur de cet établisse-
» ment, a remis à M. d'Astros, chanoine de Notre-Dame,
» un carton contenant la sainte Couronne d'épines, un
» morceau de bois, et une cheville de la vraie Croix, une
» petite fiole qui renferme du sang sorti du sacré côté,
» une discipline de fer qui a servi à saint Louis, une tu-
» nique du même prince, et plusieurs autres Reliques. »
Son Eminence Mgr le cardinal de Belloy, archevêque de
Paris, considérant que la remise faite par M. Jean Bonvoisin, élève de l'école de Rome, peintre de l'ancienne
académie de France, demeurant quai de l'Horloge n° 37,
au chapitre de la métropole de Paris, d'un morceau du
bois de la vraie Croix, provenant de la Sainte-Chapelle
de Paris, ne pouvoit avoir trop d'authenticité pour com-
mander le respect des fidèles dû à ce précieux reste de
l'instrument de notre salut, a décidé, de l'avis de son conseil, que M. Bonvoisin, nommé ci-dessus, et Mme Catherine-
Michelle Bapst, veuve Bonvoisin, sa mère, seroient invités
à attester, sous la foi du serment, les faits consignés dans
la déclaration ci-contre, et qu'en conséquence un membre du chapitre seroit désigné, à l'effet de recevoir leur
serment. Depuis cette décision, Son Eminence a délégué
pour remplir cette mission M. Jean Corpet, prêtre, chanoine de la métropole, lequel, pour répondre à la confiance de Son Eminence, s'est transporté chez les parties

ci-dessus nommées, pour les inviter à se rendre à l'église métropolitaine, et y remplir cette formalité jugée nécessaire pour l'authenticité de la Relique ; ce à quoi les parties déjà nommées ont obtempéré sur-le-champ.

Et le huit du présent mois d'août mil huit cent cinq, entre neuf et dix heures du matin, M. Bonvoisin, et Mme Bapst, veuve Bonvoisin, sa mère, s'étant rendus à la métropole, après avoir fait leur prière devant l'autel principal, sont entrés dans le trésor du chapitre, et là, en présence de moi soussigné, prêtre, chanoine de la métropole, délégué *ad hoc*, après leur avoir fait lecture du certificat ci-contre, et leur avoir demandé d'affirmer sous la foi du serment les faits y contenus, la main droite étendue sur le saint Évangile, tous deux ont déclaré que le susdit certificat contient vérité en tous ses points, pour ce qui concerne chacun d'eux en particulier ; et ont signé avec nous le présent procès-verbal.

Fait à Paris, au trésor de la métropole de Paris, ce huit août mil huit cent cinq.

Signé, J. BONVOISIN ; C. M. Ve BONVOISIN ;
CORPET, *Chanoine.*

Je soussigné secrétaire de l'Archevêché de Paris certifie les copies ci-dessus littéralement conformes aux pièces originales. A Paris, le treize avril mil huit cent huit.

BUÉE, *Secrétaire.*

N° V. (Page 114.)

PROCÈS-VERBAL DE VÉRIFICATION

DE LA SAINTE COURONNE D'ÉPINES.

(6 août 1806.)

Joannes Baptista, tituli sancti Joannis ante Portam Latinam S. R. E. Presbyter Cardinalis de Belloy, miseratione divinâ, et sanctæ sedis apostolicæ gratiâ Archiepiscopus Parisiensis, Senonensis et Rhemensis, Senator, necnon inter primores honorandæ Legionis magnâ infulâ insignitus, universis præsentes litteras inspecturis salutem in Domino.

Notum facimus quòd cùm, nuperis annis, certis indiciis accepissemus Corónam spineam D. N. Jesu Christi, quæ in thesauro sacrosanctæ Capellæ Palatii, Parisiis, à sancto Ludovico IX Francorum rege deposita, ibidem per plura ·cula ad diem usque duodecimam martii 1791, summa cum religione asservata fuerat, in Bibliotheca quæ nunc Imperialis vocatur, cum nonnullis aliis Reliquiarum sacrarum partibus repositam asservari, id in votis præcipuè habuimus, ut pretiosissimum illud redemptionis humanæ pignus, cæterasque sacras Reliquias suprà memoratas obtineremus; eâ mente ut in nostræ ecclesiæ metropolitanæ Parisiensis sacrario reconderentur; rati, nullum alium locum aptiorem esse, tum ut eo quo decet honore asservarentur, tum ut, certis per annum diebus, inter divinorum officiorum solemnia fidelium venerationi offerri possent.

Quòd impensè desiderabamus studiosè prosecuti, tan

dem impetravimus. Annuente invictissimo ac semper felici semperque augusto Francorum imperatore et Italiæ rege Napoleone I, concessæ nobis fuerunt pretiosissima illa Corona, necnon quædam aliæ sacræ Reliquiæ, quæ priùs ex thesauro SS. Capellæ in sacrarium abbatiæ S. Dionysii in Francia translatæ, deinde Conventui nationali (*Convention nationale*) traditæ, tum, eo jubente, suis capsis in Monetarum ædibus spoliatæ; postea custodiæ delegatorum ad artes commissæ (*Commission des arts*); tandem post istorum completos labores, in Bibliothecæ Imperialis cella, quæ antiquorum numismatum (*Cabinet des antiques*) dicitur, repositæ fuerant. Idcirco jussu excellentissimi viri D. Portalis, quoad res ad religionem spectantes, et tum temporis, etiam quoad res internas *per interim*, administri, cædem sacræ Reliquiæ à spectatissimo viro M. Millin, præfatæ cellæ antiquorum numismatum præposito, traditæ sunt magistro Davidi Paulo Theresiæ d'Astros, ecclesiæ nostræ metropolitanæ Parisiensis tunc Canonico, nunc verò Vicario nostro generali, quem ad illas recipiendas commiseramus.

Illud verò notandum est, quòd Corona spinea tradita fuit, non quidem indivisa, sed ferè æqualiter tripartita.

Neque id satis esse existimavimus, quod tantopere ditati nobis ipsi videremur, nisi id ipsum indubiis argumentis probatum omnibus manere posset. Curandum igitur, allaborandumque fuit, ut colligerentur argumenta, quibus constaret sacras Reliquias suprà memoratas, eas ipsas esse, quibus ṗia plebs venerationis suæ munus, in SS. Capella Palatii, tot annos impenderat.

Ut paucis dicamus quo ordine ea decurrant argumenta, exponentur testimonia quibus constat:

1° Sacras Reliquias, quæ in SS. Capellæ Palatii thesauro asservabantur, inde motas, intactas fuisse translatas in sacrarium ecclesiæ abbatialis S. Dionysii in Francia. 2° Partes earumdem sacrarum Reliquiarum, quæ nobis traditæ fuerunt, easdem prorsus esse, quæ in dictum ecclesiæ abbatialis S. Dionysii sacrarium ex SS. Capellæ Palatii thesauro fuerant translatæ.

Primo igitur, ex historicis quidem monumentis certum est (1) anno 1791, die 12 mensis martii, quo tempore tota Gallia civilibus motibus quatiebatur, et impii homines, religionis ruinam, et divini cultûs subversionem molientes, ad omnia audenda paratissimos se exhibebant, jussu Christianissimi Regis Ludovici XVI, Francorum regis, de rebus sacris piè solliciti, venerandas Reliquias, quæ in thesauro SS. Capellæ asservabantur, inde motas fuisse et in sacrarium ecclesiæ abbatialis S. Dionysii translatas, ibidem ad tempus servandas. Verùm insuper præ manibus habemus exemplar authenticum instrumenti (*procès-verbal*) quod eâ occasione confectum est; in quo 1° mentio fit de epistola, die 25 februarii 1791, à præfato Christianissimo Rege ad spectatissimum virum Carolum Gilbertum de la Chapelle, ipsi Regi à consiliis, ædibusque regiis præfectum (*commissaire-général de la maison du Roi*) quâ Rex ei mandat ut sacras Reliquias in thesauro SS. Capellæ reconditas, inde extractas, in sacrarium ecclesiæ abbatialis S. Dionysii transferat. 2° Enuntiantur et delineantur suo quæque ordine, variæ sacrarum Reliquiarum partes. 3° Demum referuntur ea omnia, quæ in dictarum Reliquiarum translatione, et earum in sacrario ecclesiæ abbatialis S. Dionysii depositione, peracta fuerunt.

Ex præmissis certò colligere est sacras Reliquias, quæ

_____

(1) Vide, inter alia, scriptum die 7 decembris 1804 pervulgatum sub titulo *Gazette de France*, suprà pag. 174.

in thesauro SS. Capellæ cum summa cura et religione asservabantur, translatas fuisse in sacrarium ecclesiæ abbatialis S. Dionysii.

Secundò, ut de ea sola, quæ omnibus aliis sacris Reliquiis præstat, sacrosancta videlicet D. N. Jesu Christi Corona spinea (quoniam de ea tantùm in præsenti instrumento agitur) verba faciamus, eam quæ nobis tradita est ipsam illam esse quæ in ecclesiæ abbatialis S. Dionysii sacrario deposita fuit, constat ex sequentibus testimoniis.

Primum testimonium est venerabilis viri Petri Dieuzy, Presbyteri è congregatione S. Mauri, et ecclesiæ S. Dionysii thesaurarii, quo tempore prædicta sancta Corona in dictæ ecclesiæ sacrario deposita fuit.

Secundum est venerabilis viri Claudii Warenflot, Presbyteri ex eadem congregatione, et ejusdem sacrarii, eodem tempore, custodis.

Tertium est venerabilis viri Philiberti Francisci d'Anjou de Bois-Nantier, diœcesis Constanciensis olim Vicarii generalis, nunc verò ecclesiæ parochialis sancti Rochi, Parisiis, Vicarii.

Quòd duo priores, ratione sui muneris, frequentem sanctissimæ Coronæ videndæ occasionem habuerint, sive privatim, sive quoties sacræ Reliquiæ ostendendæ erant iis qui in sacrarium sancti Dionysii, eas invisuri, undequaque se conferebant, adeo patet, ut vel illud memorare superfluum videatur.

Ut autem nihil superesset desiderandum, quod suo testimonio robur conferre posset, M^r d'Anjou de Bois-Nantier, scripto à se signato, refert quâ occasione sanctam Coronam spineam in sacrario abbatialis ecclesiæ sancti Dionysii vidisset.

Scripta fuerat, inquit, die 25 octobris 1791, jussu

Christianissimi Regis Ludovici XVI, à domino Delessart, Regis ministro, ad venerabilem Priorem abbatiæ sancti Dionysii, epistola, eo fine, ut capsa in qua servabatur sancta Corona spinea, reseraretur, et ex sancta Corona distraherentur quædam particulæ abbatissæ Portûs Regalis, nomine Regis, dono dandæ. Acceptâ autem à venerabili viro Joanne Josepho Francisco de la Grange-Gourdon de Floirac, diœcesis Parisiensis Vicario generali, regii mandati exequendi potestate, ipse ad venerabilem Priorem abbatiæ sancti Dionysii, die 2 novembris 1791, se contulit, et apertâ capsâ, ipso præsente, adsistentibusque præfato Priore, duobus thesaurariis, et alio Presbytero ex eadem sancti Mauri congregatione, ex sancta Corona spinea cautè et reverenter detractæ fuerunt nonnullæ particulæ, quas in abbatiam Portûs Regalis detulit.

Tres igitur testes supra nominati à nobis acciti, die 15 mensis octobris 1805, sacramento priùs præstito coram magistris d'Astros et Jalabert Vicariis nostris generalibus, exhibitam sibi ab illis Coronam spineam nobis traditam agnoverunt, et testimonio à se signato professi sunt illam eam ipsam esse, quam in sancti Dionysii sacrario viderant.

Hactenus de testimoniis, quibus certum efficitur Coronam spineam nobis traditam, eam esse quæ, ex sanctæ Capellæ thesauro, in sacrario ecclesiæ sancti Dionysii deposita fuerat.

Verùm, præcedentibus testimoniis duo alia accedunt, quæ, etsi alia deessent, per se sola in præsenti negotio sufficere nemini non patebit, si advertatur, suffragantibus illis testimoniis, jam nihil esse quod inquiratur, quænam, si fas ita loqui, fuerit sors pretiossimæ illius Coronæ, atque ubinam terrarum, superioribus luctuosis temporibus transvecta fuerit; sed certum illud effici, eâ nos ditatos fuisse, perinde atque si, nullo casu interposito, e sanctæ Capellæ thesauro in manus nostras transiisset.

Duo illa testimonia sunt venerabilium virorum Joannis Baptistæ Soos, et Antonii Tourteau, Presbyterorum, sanctæ Capellæ Palatii olim Canonicorum, qui pariter à nobis vocati, ad conspectum ostensæ sibi à præfato magistro d'Astros, et à se sedulò inspectæ Coronæ spineæ, pio lætitiæ sensu motos se exhibentes, eam et sibi notissimam, et illam ipsam esse, cui per plures annos venerationis suæ cultum obtulerant, declararunt, et scripto à se signato professi sunt.

Nec silentio prætermittemus testimonium venerabilis viri Joannis Georgii Coterel, Presbyteri, in supremo Galliarum Senatu olim patroni.

Qui cùm, eo tempore quo thesauri ecclesiarum, Parisiis, diripiebantur, accepisset à domino Barthelemy tum temporis præfecti custodiæ antiquorum artis monumentorum in una e cellis Bibliothecæ Imperialis (1) depositorum, et nunc fato functi, portionem unam sanctæ Domini nostri Jesu Christi Coronæ spineæ, et fragmen petræ ejus Sepulchri, quod asserit esse ultimum; timens ne procellosis illis temporibus, aliquid deperiret fidei quam pretiosissimum illud redemptionis humanæ pignus, et aliæ sacræ Reliquiæ in thesauro sanctæ Capellæ Palatii asservatæ, merebantur; omnem curam adhibuit ut certiorem se faceret de iis omnibus quæ erga illas acciderant, nihilque intentatum reliquit, ut ea omnia sibi pararet quæ erant necessaria, tum ut illarum historiam ad hanc usque diem texeret, tum ut easdem illæsas remansisse probaret.

____

(1) Elle s'appeloit alors *Bibliothèque Nationale.*

Quod porrò susceperat opus complevit, et complexus est octo scriptis, quæ ab illo nobis oblata cum nonnullis aliis instrumentis (*Pièces justificatives*), grato animo accepimus. Insuper eam sanctæ Coronæ spineæ partem, quam a domino Barthelemy acceperat, in vase vitreo cylindrico quatuor pollices cum octo circiter lineis longo, cujus diameter ad pollicem unum cum octo circiter lineis extenditur, et cujus ambas extremas partes sigillo suo occluserat, reconditam nobis obtulit, eâ intentione, ut pars illa iis quas accepimus adjungeretur. Verùm etsi non dubitamus, tum ob fidem ejus testimonio debitam, tum quòd pars prædicta portionibus nobis traditis sit perfectò similis, eam esse partem sanctæ Coronæ spineæ; tamen, cùm dictæ parti non ea suffragarentur testimonia quæ superiùs recensita fuêre, eam cæteris esse adjungendam non existimavimus.

Quæ omnia cùm ita se haberent, diem indixeramus quâ pretiosissimam illam Coronam spineam solemniter agnosceremus ut authenticam, eamque in vase, quod illi recipiendæ venerabiles fratres nostri, Canonici ecclesiæ nostræ metropolitanæ Parisiensis, confici curaverant, reconderemus.

Igitur die datæ præsentium indictâ, præsente eminentissimo et reverendissimo S. R. E. Cardinali Spina, archiepiscopo Genuensi, præsentibus pariter Vicariis nostris generalibus, et venerabilibus fratribus nostris Canonicis ecclesiæ nostræ metropolitanæ Parisiensis, in palatio nostro archiepiscopali, allata fuit à magistro d'Astros, Vicario nostro generali, pretiosissima Corona spinea, allatumque pariter vas illi recondendæ destinatum, quod non abs re erit paucis verbis hîc delineare.

Vas illud tubus est crystallinus orbiculatus, cujus dia-

meter ad decem pollices cum quinque circiter lineis extenditur, et juxta directionem suæ circumferentiæ bissec-
tus : utraque pars illius cingitur circulo argenteo auro
illito, paulisper prominente et foraminibus instructo, ut-
que duæ illæ partes firmiter sibi cohæreant, triplici fibulâ
ex argento auro illito, in modum flosculi confectâ, con-
nectuntur.

Postquam, omnibus qui aderant audientibus, relata fuissent quæcumque suprà memoravimus, et exhibita testimonia jam recensita, spineam Coronam nobis traditam
agnovimus et declaravimus, prout præsentibus nostris litteris agnoscimus et declaramus, esse authenticam veram-
que Domini nostri Jesu Christi Coronam spineam, quam
piissimus Rex Ludovicus IX in sanctissimæ Capellæ sui
palatii, Parisiis, thesauro deposuerat, dignamque quæ
piæ plebis venerationi offeratur, ejusque religiosorum
obsequiorum munus, ut antea, obtineat.

His præstitis, de recondenda pretiosissima illa Corona
in vase supra descripto actum est. Eam in tres partes
divisam, ut jam dictum est, accepimus; quæ cùm aptè
dispositæ fuissent, secumque invicem cautè ope fili aurei
circumligatæ, Corona inde efformata posita fuit in una
parte vasis supra memorati; tum eidem parti applicata
est pars altera, eoque modo vas clausum fuit : tandem
duæ illæ partes secum invicem colligatæ fuerunt, ope funiculi serici rubri coloris, trans foramina, quibus eas
instructas esse jam dictum est, euntis; cujus funiculi extremas partes sigillo nostro ceræ Hispanicæ rubri coloris
impresso obsignavimus.

Et hæc est propriè loquendo sacrosanctæ Coronæ spineæ theca, ad quam tutò recondendam parata fuit capsa,
ad calcem præsentium nostrarum litterarum gallico idio-

mate describenda, et quæ è dicta capsa nunquam extrahetur, nisi quando fidelium venerationi exponenda erit.

Tandem duo hìc addenda esse nobis visa sunt :

1° Portionem sanctæ Coronæ spineæ quæ à magistro Coterel nobis oblata fuit, in ea capsa reponendam esse statuimus, eamque sigillo nostro obsignatam simul cum theca sanctæ Coronæ spineæ tradidimus magistro d'Astros, Vicario nostro generali, custodiæ venerabilium fratrum nostrorum Canonicorum ecclesiæ nostræ metropolitanæ Parisiensis, ex nunc committendam.

2° Quantacumque cautio adhibita fuerit in contrectanda et aptanda sanctissima Corona spinea, fieri non potuit ut nonnullæ particulæ non deciderent. Has verò particulas cautissimè colligi curavimus, et earum plures eminentissimo et reverendissimo domino sanctæ Romanæ Ecclesiæ Presbytero Cardinali Spina, archiepiscopo Genuensi, dono dedimus; cæteras inter astantes distribuimus.

Datum Parisiis, in palatio nostro archiepiscopali, sub signo sigilloque nostris, ac Secretarii archiepiscopatûs nostri subscriptione, anno Domini millesimo octingentesimo sexto; die verò mensis augusti sextâ, præsentibus ibidem præfato eminentissimo Cardinali, et aliis jam designatis, et nobiscum infrà signatis.

† J. B. Cardinalis de BELLOY,
Archiepiscopus Parisiensis.

† J. Cardinalis SPINA, *Archiep. Genuensis.*

D'Astros, *Vicarius Generalis;* Jalabert, *Vicarius Generalis;* Lejeas, *Vicarius Generalis;* Coriolis, *Canonicus;* Rousselet, *Canonicus;* Roman, *Canonicus;* Sinchole d'Espinasse,

Canonicus; Corpet, *Canonicus;* De la Myre-Mory, *Canonicus;* Sauvage Lamartinière, *Canonicus honorificus;* Richard, *Canonicus;* Camiaille, *Canonicus;* Girard, *Canonicus;* Tinthoin, *Canonicus;* Dupont de Compiègne, *Canonicus;* Dubois, *Canonicus honorificus;* Achard, *Canonicus;* Lacalprade, *Canonicus honorificus;* Arnavon, *Canonicus.*

J. G. COTEREL.

De Mandato Eminentissimi et Reverendissimi
D. D. Cardinalis Archiepiscopi Parisiensis.

Buée, *Secretarius.*

DESCRIPTION DE LA CHASSE

DANS LAQUELLE EST ENFERMÉ

LE RELIQUAIRE QUI CONTIENT LA SAINTE COURONNE D'ÉPINES.

La châsse qui contient le reliquaire dans lequel est renfermée la sainte Couronne d'épines, a trois pieds et un pouce de hauteur perpendiculaire : elle est composée d'un globe d'un pied de diamètre, représentant le monde. Ce globe, partagé horizontalement en deux hémisphères, et fermant à clef, est surmonté d'une statue qui représente la religion, tenant d'une main la Croix, et de l'autre un calice; aux pieds de cette statue est un lion couché, auprès duquel est cette légende : *Vicit leo de tribu Juda.*

Ledit globe est porté par trois anges ayant un genou posé sur un piédestal triangulaire à angles coupés, ornés des instrumens de la Passion; la bande du haut dudit pié-

destal est chargée de treize médaillons représentant notre
Seigneur et les douze apôtres en buste. Le bandeau du
bas porte des inscriptions, et la place du milieu, réservée
pour y recevoir les bas-reliefs historiques de la sainte
Couronne, est occupée par une composition imitant le
lapis azuré, au milieu de laquelle sont, d'un côté le saint
nom de Jésus, de l'autre le Jéhova, et au troisième le
sacré cœur de Jésus. Les angles coupés sont remplis par
un précis historique de la réception, restitution et translation de la sainte Couronne. Enfin sous chaque angle,
sont deux griffes de lion qui supportent toute la châsse.

N. VI. (Page 124.)

LETTRE DE SAINT LOUIS

A L'ÉVÊQUE ET AU CHAPITRE DE VALENCE EN ESPAGNE,

EN LEUR ENVOYANT UNE ÉPINE DE LA SAINTE COURONNE.

Ludovicus Dey gratiâ Franciæ Rex, Dilectis sibi Episcopo totique Capitulo Valentinæ ecclesiæ, salutem et di-
lectionem. Ecclesiam vestram sacro volentes xenio decorare,
vobis unam de Spinis sacrosanctæ Coronæ Domini nostri
Jesu Christi per latores præsentium, in signum dilectionis
transmittimus specialis; rogantes vos et requirentes at-
tentè, quatenus hujusmodi tam pretiosum sanctuarium,
tam insigne, debito recipientes honore, illud memoriale
perpetuum Salvatoris eâ quâ decet reverentiâ conservare
curetis, specialem ac perpetuam nostri, in vestris orationibus et divinis obsequiis, memoriam habituri. Actum Pa-

risiis, anno Domini M° CC° quinquagesimo sexto, mense martio.

TRADUCTION DU CERTIFICAT D'AUTHENTICITÉ

DE DON ANTOINE GARCIA, ARCHIVISTE.

Ce document, écrit sur un parchemin de dix doigts de large et huit de long, en lettres minuscules rondes en usage au treizième siècle, est déposé dans l'armoire des Bulles, caisse de la lettre Y, sous le n. 6; à la partie inférieure est une attache de soie verte et flexible, à laquelle il y avoit encore en l'an 1800 un morceau du sceau, en cire également verte, lequel a été égaré lors du déplacement des papiers des archives, causé par les guerres et les révolutions.

Aux archives de la sainte église de Valence, ce 26 novembre 1823.

> *Signé,* le Docteur DON ANTOINE GARCIA,
> *Archiviste.*

Pour traduction conforme à l'original, écrit en langue castillane. Paris, ce 9 mai 1828.

> *Signé,* le Chevalier DE MÉSIÈRE, *des ordres de Saint-Louis, de la Légion-d'Honneur, de Charles III d'Espagne, du pontifical de l'Eperon d'or, et du Phénix de Hohenlohe ; ancien officier supérieur en Espagne et en France.*

N° VII. (Pag. 149 et suiv.)

ACTES CONCERNANT LE SAINT CLOU

PROVENANT DU TRÉSOR DE L'ABBAYE DE SAINT-DENIS.

Hyacinthe-Louis de Quelen, par la miséricorde divine et la grâce du saint siège apostolique, Archevêque de Paris, Pair de France, etc.

Faisons savoir et attestons à tous ceux qui ces présentes verront, que, l'an de notre Seigneur mil huit cent vingt-quatre, le 24 avril, M. Claude-Hugues Le Lièvre, demeurant rue Saint-Jacques n° 241, nous ayant écrit qu'il avoit en sa possesion un Clou qui a servi à attacher notre Seigneur Jésus-Christ sur la Croix, ainsi que plusieurs morceaux du bois de la vraie Croix, et qu'il désiroit remettre entre nos mains ces précieuses Reliques, afin que nous pussions en reconnoître l'authenticité; et le même jour, mondit sieur Le Lièvre nous ayant laissé par écrit signé de lui la déclaration ci-jointe, par laquelle il apparoîtroit que ces insignes Reliques provenoient des trésors de Saint-Denis, et de la Sainte-Chapelle de Paris : voulant procéder avec le plus de maturité et le plus d'examen possible à la reconnoissance desdites Reliques, nous avons appelé M. Le Lièvre, et en présence de MM. Philippe-Jean-Louis Desjardins, vicaire-général de Paris, archidiacre de Sainte-Geneviève; Etienne François Borderies, vicaire-général de Paris, archidiacre de Saint-Denis; Romain-Frédéric Gallard, vicaire-général de Paris, nous avons reçu de lui la déclaration orale semblable à la déclaration écrite qu'il nous avoit précédemment donnée, et à la—

quelle, sur les questions que nous lui avions faites, il a ajouté plusieurs circonstances touchant la situation où il se trouvoit lui-même lors de l'enlèvement des Reliques, lesquels détails nous ont confirmés de plus en plus dans la conviction où nous étions déjà sur sa parole, que les précieuses Reliques qu'il nous montroit venoient réellement des trésors de Saint-Denis et de la Sainte-Chapelle de Paris.

Après avoir examiné soigneusement lesdites Reliques, consistant, 1° en un Clou de la longueur de trois pouces et trois lignes environ, échancré à sa tête, rouillé et scorié dans toute sa longueur, et dont la pointe est un peu altérée ; 2° en plusieurs morceaux de bois de différentes formes ; après avoir confronté les morceaux de bois de la vraie Croix avec d'autres morceaux qui sont conservés avec vénération dans le trésor de notre Métropole, et les avoir trouvés de même nature ; nous avons prié mondit sieur Claude-Hugues Le Lièvre de nous confier, pendant quelque temps, la Relique du saint Clou, avec les différens morceaux de bois de la vraie Croix, désirant chercher à nous procurer, s'il étoit possible, de nouveaux documens sur ces objets précieux, afin de multiplier les preuves, et de garantir de plus en plus la croyance et la dévotion des fidèles ; ce qu'il a bien voulu faire, nous promettant d'affirmer par serment, et de signer, lorsqu'il en seroit requis, la présente déclaration ; et toutefois il a provisoirement signé le présent procès-verbal, ainsi que les témoins ci-dessus désignés qui ont signé avec nous.

A Paris, ce 3 mai 1824.

† HYACINTHE, *Archevêque de Paris.*

LELIÈVRE ; BORDERIES, *Vic. Gén.* R. GALLARD, *Vic. Gén.*

Et dans l'intervalle qui s'est écoulé jusqu'à ce jour, ayant pris tous les moyens qui dépendoient de nous pour nous procurer de nouveaux documens sur les Reliques ci-dessus désignées, et n'ayant pu en obtenir à raison de la dispersion ou de la mort des personnes qui auroient été dans le cas de donner des témoignages confirmatifs; voulant ne pas différer plus long-temps de procéder à la reconnoissance définitive des susdites Reliques, nous avons appelé de nouveau M. Claude-Hugues Le Lièvre, à la parole duquel nous avons d'ailleurs toute raison d'ajouter une foi pleine et entière, et en présence de MM. Jalabert, Desjardins, Borderies, vicaires-généraux, archidiacres de Paris; Boilesve, vicaire-général de l'officialité diocésaine; Duclaux, supérieur des séminaires diocésains; Abeil, chanoine, archiprêtre de Notre-Dame de Paris; Boudot, chanoine théologal; l'Ecuy, Gallard, Feutrier, vicaires-généraux de Paris, tous membres de notre conseil, nous avons demandé à M. Le Lièvre s'il persistoit dans ses précédentes déclarations, et s'il étoit dans l'intention de les confirmer par serment, et sur sa réponse affirmative, nous lui avons présenté le livre des saints Évangiles, sur lequel, ayant posé la main, il a de nouveau affirmé que tout ce qui étoit contenu dans ses précédentes déclarations, verbales ou par écrit, étoit la vérité; que le Clou qu'il nous a présenté est réellement celui qui a été apporté devant la Commission des arts dont il étoit membre; qu'il l'a sauvé de la profanation et de la destruction en s'en saisissant comme d'un objet appartenant à la minéralogie, lorsqu'on vouloit le jeter au feu. Il a de plus affirmé que les morceaux de la vraie Croix viennent d'un morceau plus considérable qui a été aussi apporté à la Commission des arts, et qu'il l'a sauvé du feu en le par-

tageant avec plusieurs de ses collègues ; après quoi, sur
la prière que nous lui en avons faite, M. Le Lièvre a déclaré remettre entre nos mains et à notre disposition le
saint Clou dont il nous offroit et transportoit irrévocable-
ment la propriété, et nous a donné et remis aussi plusieurs
morceaux de la vraie Croix, et nous avons scellé les autres qu'il conserve pour en distribuer à sa volonté, en ob-
servant toutefois de faire reconnoître le sceau et l'authentique par une autorité ecclésiastique avant de les
faire placer dans des reliquaires. De tout quoi nous avons
dressé le présent procès-verbal, témoignant à M. Le Lièvre notre reconnoisance, et celle de l'église de Paris pour
les susdites Reliques qu'il a bien voulu nous donner, et
que nous avons acceptées. Lequel procès-verbal il a signé
ainsi que les témoins ci-dessus désignés.

Donné à Paris, en notre palais archiépiscopal, sous
notre seing, le sceau de nos armes, et le contre-seing de
notre secrétaire, le dix-huit octobre mil huit cent vingt-
quatre.

> Lelièvre; Jalabert, *Vicaire-Général;* Borde-
> ries, *Vicaire - Général;* Boudot; Boilesve,
> *Offic. Vicaire - Général;* l'Ecuy, *ancien Abbé
> de Prémontré, Vicaire - Général;* Feutrier,
> *Vicaire-Général;* Abeil, *Chanoine, Archi-
> prêtre;* R. Gallard, *Vicaire-Général;* Duclaux,
> *Vicaire-Général.*

> † HYACINTHE, *Archevêque de Paris.*

Par mandement de Monseigneur l'Archevêque.

> Tresvaux, *Chanoine hon. Secrét.*

N° VIII. (Pag. 67, 151 et suiv.)

ACTES CONCERNANT LA CROIX DE LA PRINCESSE PALATINE

ET LE SAINT CLOU

PROVENANT DU TRÉSOR DE L'ABBAYE DE S. GERMAIN-DES-PRÉS.

Nous soussignés, Jean-François Roussineau, ancien curé de la Sainte-Chapelle du Palais, et actuellement de l'église de Saint-Germain-des-Prés à Paris; Philippe-Louis Lièble, prêtre, bibliothécaire, ancien maître des cérémonies et secrétaire de la juridiction de l'Abbaye Saint-Germain-des-Prés; Jean-Louis Denainville, prêtre religieux de ladite abbaye; et Jean-Baptiste Bouquerot, prêtre sacristain, trésorier de ladite église de l'abbaye, certifions que les trois portioncules oblongues du bois de la vraie Croix, fixées et renfermées en forme de croix entre deux cristaux surmontés de vermeil, dans une croix de cuivre doré ornée de rayons, sur le soc de laquelle sont trois clous, un serpent, un globe, et deux figures représentant l'une un ange, et l'autre une Madeleine, le tout en cuivre doré, ont été, sur notre réquisition et en notre présence, respectueusement posées et fixées dans la susdite croix par le citoyen Sommé, orfèvre, demeurant rue du Four Saint-Germain, après avoir été pareillement en notre présence, et par le citoyen Hildeger, horloger cour de l'Abbaye, extraites au moyen d'une scie fine d'acier, de la portion considérable du milieu de la vraie Croix, dite *Palatine*, déposée dans le trésor de la sacristie de ladite église de l'abbaye de Saint-Germain-des-Prés, et dont il est mention dans l'*Histoire* in-folio de la susdite abbaye, par dom Bouillart, édition de 1724, pages 278, 279, 280 et 281 ; laquelle vraie Croix dite *Palatine* nous avons, le onze novembre de la présente année mil sept cent quatre-vingt-treize, religieusement enlevée du trésor de la sacristie, après l'avoir retirée du riche reliquaire qui la renfermoit, voulant sauver cette portion considérable de l'instrument de notre salut, et mettre la susdite vraie Croix à l'abri de toutes les profanations dont une triste expérience nous portoit à craindre et à prévenir les tristes effets, lors de l'époque de la fermeture et spoliation de ladite église. Nous avons, au surplus, observé de conserver la dite vraie Croix avec son encadrement en lames d'or sur lesquelles se trouve gravée une inscription antique en lettres grecques, et dont la figure se retrouve parfaitement conforme dans l'*Histoire de l'abbaye Saint-Germain*, page 279, où sont mentionnés les titres qui garantissent l'authenticité de la susdite vraie Croix dite *Palatine*, dont M. Roussineau s'est rendu dépositaire, après y avoir attaché dans toute la circonférence de ses branches, un ruban de soie rouge, à l'extrémité duquel ont été apposés les cachets du citoyen Roussineau et du citoyen Lièble.

Nous déclarons et certifions, en outre, que le même jour onze novembre mil sept cent quatre-vingt-treize, voulant toujours prévenir et empêcher, autant qu'il seroit en nous, les dérisions ou les excès de l'impiété, et la profanation des objets les plus respectables de notre sainte religion, nous avons pareillement, par le ministère dudit citoyen Sommé, orfèvre, retiré d'un reliquaire d'argent représentant un clou entre les doigts d'un des anges adorateurs placés sur la base ou le soc de ladite vraie Croix, une portion assez considérable de la pointe d'un des Clous qui ont servi au crucifiement de notre Seigneur Jésus-Christ, et dont l'authenticité se trouve pareillement dans l'*Histoire de l'abbaye Saint-Germain-des-Prés*, aux pages déjà citées, laquelle portion de la pointe du vrai Clou nous avons extraite nous-mêmes du reliquaire démonté par ledit Sommé, et l'avons ensuite respectueusement renfermée dans du satin blanc, et enfin, l'avons déposée ainsi que plusieurs parcelles du bois de la vraie Croix, provenant de l'excédant des portions placées dans la Croix à rayons de cuivre doré ci-dessus désignée, et avons renfermé le tout avec du coton fin dans une petite boîte carrée de carton recouvert de papier de couleur, liserée de bordures, en couleur piquetée de vert et jaune, et avons enlacé ladite boîte d'un ruban de soie rouge scellé des cachets de MM. Roussineau et Lièble. M. Roussineau a déclaré s'en rendre dépositaire, et nous avons tous signé la présente déclaration, au bas de laquelle MM. Roussineau et Lièble ont apposé chacun leur cachet. Fait à Paris, en la maison presbytérale de M. Roussineau, cour de l'église et enclos de l'abbaye Saint-Germain-des-Prés, le vingt-un novembre de l'an de notre Seigneur Jésus-Christ mil sept cent quatre-vingt-treize.

J. Fr. Roussineau; Ph. L. Lièble;

J. Denainville; Bouquerot.

Je soussigné vicaire général de Paris, certifie avoir vu et reconnu la Croix *Palatine* qui étoit dans le trésor de l'abbaye Saint-Germain-des-Prés, ainsi que le petit coffret de carton désigné dans le procès-verbal ci-dessus, renfermant des portions précieuses de la vraie Croix, et d'après le témoignage de MM. Roussineau et dom Lièble, j'y ai apposé le cachet de Mgr l'Archevêque, et déclare authentiques lesdites Reliques. Donné à Paris le vingt-cinq juillet mil sept cent quatre-vingt-dix-sept, vieux style.

DE DAMPIERRE, Vic. Gen.

Hyacinthe-Louis de Quelen, par la miséricorde divine et la grâce du saint siège apostolique, Archevêque de Paris, Pair de France;

Au clergé et aux fidèles de notre diocèse, salut et bénédiction.

Vu le procès-verbal du 25 octobre 1827 dressé à Conflans lors de la remise à nous faite d'une portion considérable de la vraie Croix de notre Seigneur Jésus-Christ, dite *Croix Palatine,* et de l'extrémité d'un des Clous qui ont servi au crucifiement de notre divin Rédempteur;

Vu le procès-verbal de l'examen, vérification et reconnoissance desdites Reliques, dressé en notre présence le 28 octobre dernier (1);

Le saint nom de Dieu invoqué,

Nous avons décrété et ordonné, décrétons et ordonnons ce qui suit :

ART. Ier.

La portion de la vraie Croix de notre Seigneur Jésus-Christ, dite *Croix Palatine,* et la pointe d'un des Clous qui ont servi au crucifiement de notre divin Sauveur, pos-

(1) Les *Procès-verbaux* dont il est ici question se conservent dans les archives du Chapitre de l'église métropolitaine de Paris, et au secrétariat de l'Archevêché. Nous en avons donné la substance dans la *Notice* (p. 74, etc.)

sédées par les RR. PP. Bénédictins de l'abbaye de Saint-Germain-des-Prés avant la spoliation des églises, à laquelle elles ont été soustraites, sont déclarées authentiques.

ART. II.

Nous avons permis et permettons d'exposer l'une et l'autre de ces précieuses Reliques à l'adoration et à la vénération des fidèles.

ART. III.

Ces Reliques seront déposées dans le trésor de notre église métropolitaine, et confiées à la garde de nos vénérables frères les Chanoines et Chapitre de ladite église.

ART. IV.

Il sera fait, à l'époque que nous indiquerons, une translation solennelle desdites Reliques, à l'*instar* de celle qui en a été faite par Mgr de Harlai, archevêque de Paris, le 29 septembre 1684.

Donné à Paris, en notre palais archiépiscopal, sous notre seing, notre sceau, et le contre-seing de notre secrétaire, le 8 février 1828.

† HYACINTHE, *Archevêque de Paris.*

Par Mandement de Monseigneur,

TRESVAUX, *Chanoine, Secrétaire.*

FIN.

TABLE.

PIÈCES JUSTIFICATIVES.

FIN DE LA TABLE.

www.ingramcontent.com/pod-product-compliance
Ingram Content Group UK Ltd.
Pitfield, Milton Keynes, MK11 3LW, UK
UKHW021348100726
13657UKWH00006B/255